T0090139

SIMON &
SCHUSTER
LIBROS EN
ESPAÑOL

No les digas adiós

Allison DuBois

Traducción de Omar Amador

LIBROS EN ESPAÑOL
Publicado por Simon & Schuster
NUEVA YORK   LONDRES   TORONTO   SYDNEY

SIMON & SCHUSTER
LIBROS EN ESPAÑOL
Rockefeller Center
1230 Avenue of the Americas
New York, NY 10020

First Simon & Schuster Libros en Español Edition 2005

SIMON & SCHUSTER LIBROS EN ESPAÑOL y su colofón son marcas
registradas de Simon & Schuster, Inc.

Hecho en los Estados Unidos de América
10   9   8   7   6   5   4   3   2   1

ISBN 0-7432-8327-9
ISBN 13: 978-0-7432-8327-4

Este libro está dedicado a los padres. Hace poco me di cuenta de cuán valiosos pueden ser los padres. Cuatro hombres extraordinarios que tuve la suerte de conocer fallecieron en 2002.

Mi padre, Mike Gómez, a quien adoraba y a quien extrañaré hasta el día que muera. No era un padre común y corriente. Comenzó a darme masajes faciales cuando yo tenía nueve años para evitar las arrugas cuando fuera mayor. ¡Casi lo logras, papá! Había que quererlo. Vivió hasta los sesenta y siete años, pero, en el fondo, no era más que un niño persistente. Yo sé que bailará eternamente entre las estrellas con todas las mujeres bellas. Nadie reía ni vivía como mi papá.

Mi buen amigo Randy falleció siete semanas después

que mi papá. Era "el Rey de los Mariscos" y mi escéptico favorito. Randy convertía todo en una fiesta. Igual que mi papá, murió de un infarto, con la diferencia de que tenía sólo cuarenta y nueve años. Dejó en el mundo tres hijos maravillosos y una esposa con la que compartió su vibrante espíritu.

Mi sarcásticamente cómico tío abuelo Don, un ex alguacil y piloto durante la Segunda Guerra Mundial. Llegó a los ochenta años y realizó su último vuelo ese enero.

Russ Serzen, un antiguo pelotero de los New York Yankees y un padre maravilloso. Sólo lo conocí brevemente, pero el mal de Creutzfeldt-Jakob (una enfermedad mortal del cerebro) se lo llevó repentinamente. Dejó en mí una impresión profunda. Era digno de admiración.

Todos estos hombres vivieron plenamente sus vidas y no pidieron excusas por ser quienes fueron. Todos sirvieron de inspiración, y todos eran padres.

Agradecimientos

Joe: Eres el hombre que me ha tomado de la mano en medio de la noche durante los tiempos difíciles. Tienes mi eterna adoración. Gracias por comprenderme.

Mis niñas: Ustedes me han permitido entender por qué los padres son incapaces de encontrar consuelo cuando pierden un hijo. Siempre estaré con ustedes.

Mamá: Gracias por algunos de los mejores recuerdos de mi infancia. Te quiero.

Papá: Te quiero. Gracias por enseñarme a sonreír frente a la adversidad.

Abuelo Joe: Aunque estás en el más allá, estamos…conectados. Eres uno de los hombres más honorables que ha existido jamás.

Tío Joe y tía Linda: Gracias por hacerme sentir siempre bien acogida.

Abuela Jenee: Gracias por compartir mi don y ayudarme a convertirme en quien soy. Te quiero.

Mary Frances: Me haces sentir bien. Gracias por estar en mi vida.

Jim: Gracias por quedarte con nosotros y por tu orientación.

Wendy: Gracias por ser mi consejera. Eres una buena amiga.

Stacey: Gracias por tu amistad y las muchas veces que me has hecho reír. Cuando yo misma no podía levantarme, me transmitiste tu fuerza. Eres parte de mi familia.

Christina: Eres única y serás mi amiga toda la vida. Gracias por conocerme como "Allison" y por todos los momentos tontos que hemos compartido.

Christy, la amiga que me ayudó a escribir este libro: Me haces acordarme de la poca atención que presté al idioma inglés en la universidad. Tu contribución es infinita. ¡Gracias! Eres una mujer excepcional.

Trevor: Te quería aun antes de que nacieras.

Dr. Gary Schwartz: Eres un hombre excepcionalmente inteligente y lo bastante valiente como para ser un pionero en este campo. Admiro tu capacidad para ver el futuro. Gracias por compartir mi viaje.

Kelsey: Jamás he conocido un ser humano que tenga la "presencia" que tú tienes. Me dejaste fisicamente anonadada cuando te paraste junto a mí. Eres un hombre extraordinario con muchos dones maravillosos.

Susy: Eres una maestra asombrosa. Sigue siempre junto a mí.

Pequeño Michael: Recuerda que siempre eres parte de nosotros. ¡Te quiero!

Mi hermano Michael: Tú lo eres todo para mí.

Shari: Ayudaste a criarme. Gracias. ¡Brindemos!

Domini: Te extraño. No olvides visitarme con frecuencia.

Laurie Campbell: La médium que otros médiums consultan.

Gracias por ayudarme a superarme y por ser mi amiga. ¡Tu papá está muy orgulloso!

Charlie y Susie Shaughnessy: Gracias por sus valiosas y sabias palabras. Ustedes son dos personas especiales. Si algún día puedo servirles, sólo tienen que decirlo.

Jerry Conser: Tú no sólo me ayudaste a escribir este libro, sino que también fuiste la única persona que supo que yo era una niña diferente. Eres un hombre especial, y te doy las gracias.

Glenn Gordon Caron: Nadie lo hace mejor que tú. Es imposible resumir tu talento en una sola palabra. Así de bueno eres. Jamás podré agradecerte lo suficiente por haberme captado.

Gary Hart: Gracias por acordarte de mí. Siempre te recordaré.

Patricia: ¡Eres un enigma! Gracias por no haber dejado jamás de ser quien eres.

"Jefe": Siempre te admiraré. Genio legal y bien parecido, ¿cómo lo lograste? ¡Je, jee!

Patty: Eres la mujer que yo tenía la esperanza de ser cuando creciera. Eres tan buena cuando se trata de encerrar a esos tipos malos. Eres una de mis mejores amigas. Gracias por ser la inconformista que eres.

Connie: Eres la mejor, y nunca se te puede subestimar. Gracias por tu orientación.

Dra. Julie Beishel: Eres una científica extraordinaria que no les teme a las posibilidades. Gracias.

Bert Sass: Gracias por tomarme en serio.

Jim Manley: Sigue rompiendo esos techos de vidrio.

Niños Perdidos: Nunca dejaremos de buscarlos...jamás.

Maggie, Carol, Susan, Sylvia, Maddy, Rami, Suzy, Barb: Todas ustedes son especiales.

Grammnet: Gracias por todo tu gran esfuerzo.

Steve Stark: Mi admiración por ti es una gota en el mar.

Chris Maul: Te convertirás en uno de los mejores en tu campo.

Julie Mondimore: Felicidades por tu varoncito. Es una bendición para él que seas su mamá.

Paramount: ¡Gracias por ser lo mejor!

Jennifer Solari: Tu papá está realmente orgulloso de su muchachita.

NBC: Ustedes son la cadena preferida que yo prefería. Gracias a todos por ser número uno.

Cathryn Boxberger: Eres una mujer de muchas facetas. Gracias por ser excepcional.

Jeff Zucker: Me siento honrada de conocerte y de saber cuánto talento tienes.

Kevin Riley: Gracias por apreciarme y ser un hombre de gran visión.

Chris Conti: ¡Conduce con cuidado! Gracias por verme como realmente soy. Eres un hombre estupendo.

Simon & Schuster: Les agradezco que hayan puesto tanto interés.

Nancy Hancock: No sólo eres una mujer fenomenal, sino también la que me encontró.

Ellen Silberman: ¡Eres un genio! Gracias por poner a funcionar tu magia.

Un agradecimiento especial a **todas las personas mencionadas en este libro.** Ustedes me han ayudado a crecer.

Mis guías: Gracias por haberme guiado siempre por el camino correcto y por compartir mi travieso sentido del humor.

Índice

Prólogo

Gary E. Schwartz, Ph.D.

Laboratorio de Sistemas de Energía Humana

Universidad de Arizona

Hay personas que no sólo tienen dones, sino que también son dones en sí mismas. Allison DuBois no sólo es una médium notable, sino que también es un don extraordinario para los demás. Es un don no sólo para su esposo, sus hijos, su familia y sus amigos; también es un don para los clientes que solicitan su ayuda y orientación como médium que trabaja sobre la base a pruebas.

Como científico que trabaja a partir de pruebas y que investiga la posibilidad de que la conciencia sobreviva, he visto a Allison hacer cosas que, hace sólo unos años, yo hubiera considerado imposibles. Allison logra lo aparentemente imposible con dulzura, facilidad, amabilidad y una comprensión que despiertan una sonrisa en el rostro y la alegría en el corazón.

Antes de conocer a Allison yo había llevado a cabo investigaciones con un grupo de médiums notablemente dotados. En mi libro *The Afterlife Experiments: Breakthrough Scientific Evidence of Life After Death**, discutí una serie de experimentos realizados con John Edward, del programa de televisión *Crossing Over,* George Anderson, Suzanne Northrop, Laurie Campbell y Anne Geymen, personas que he llegado a describir como "los Michael Jordan de la mediumnidad". Después de trabajar con Allison, se me hizo evidente que ella pertenecía a este "equipo de sueño" de médiums.

Debo confesar que Allison ocupa un sitio especial en mi corazón. Esto se debe a que la conocí, casualmente, sólo dos días después de la muerte de mi abuela "adoptiva", la difunta Susy Smith, quien murió repentinamente a causa de un infarto masivo. En realidad, yo quería mucho a Susy y no estaba preparado para su súbita desaparición.

Susy tenía ochenta y nueve años, había escrito treinta libros sobre parasicología y la supervivencia de la conciencia después de la muerte, y era una exitosa participante en algunas de nuestras investigaciones iniciales acerca de mediumnidad, en el Laboratorio de Sistemas de Energía Humana de la Universidad de Arizona. Ella figuraba en el libro *The Afterlife Experiments.*† Susy de-

---

* *Los experimentos del más allá: Novedosas pruebas científicas de que hay vida después de la muerte.* (Nota del traductor).
† *Los experimentos del más allá.* (N. del T.)

dicó los últimos cuarenta y cinco años de su vida a la pregunta "¿Es real la vida después de la muerte?". De hecho, ella ansiaba morir para poder probar, científicamente, que seguía entre nosotros.

Cuando Susy murió, mi papel como científico se amplió notablemente. Ya no era solamente el investigador más antiguo. Me convertí también en un *"sitter"** (alguien que quiere saber acerca del destino de un ser querido fallecido) que participa en una investigación.

Como Allison relata en su último capítulo, "La ciencia y el más allá", en nuestro primer encuentro le pregunté si ella podía recibir información acerca de una persona cercana a mí que había muerto recientemente. No le ofrecí ninguna información acerca de la edad, el sexo o la relación, y casi no le brindé información retroactiva —visual o verbal— mientras Allison trataba de demostrar sus habilidades en el laboratorio.

Allison recibió información esencial y evidencias concretas acerca de Susy, entre ellas la causa de su fallecimiento (infarto), cómo quería que fuera su vida en el más allá (por ejemplo, su deseo de estar junto a su fallecido perrito, Junior) y, lo más importante, un mensaje para mí acerca de su recién adquirida liberación de la incapacidad física. Allison decía, más o menos, "La fallecida me dice, una y otra vez, que debo decir lo si-

* El término se refiere en español a la persona a quien se le practica una lectura psíquica, o cliente del médium. (N. del T.)

guiente: camino acompañada". ¿Por qué son importantes estas dos palabras? Porque Susy había estado confinada a una silla de ruedas durante los últimos diez años de su vida. En realidad, Susy me habló muchas veces de su deseo de irse a bailar en la otra vida una vez que se hubiese desembarazado finalmente de su doloroso cuerpo físico.

De acuerdo a numerosas sesiones de pruebas ofrecidas por Allison, Susy se encuentra muy bien en "el más allá". Mientras escribo estas palabras, nuestra investigación continúa, extendida no sólo a tres generaciones — Susy, Gary (yo) y Allison—, sino también a dos lados de la energía viviente del universo: "aquí" y "allá". Lo que es más importante para mí es que Allison está comprometida con la verdad. Allison sabe que su integridad personal, la integridad del Laboratorio de Sistemas de Energía Humana y la integridad del trabajo que ella realiza, requieren honestidad y humildad absolutas.

Allison escribe tal y como ella es: clara y cálidamente, con inteligencia y alegría. Ojalá que este libro inspire las esperanzas y sueños de sus lectores de la misma manera que me ha inspirado a mí. Allison, te damos las gracias por este don de dones.

GARY SCHWARTZ, Ph.D., es profesor de psicología, medicina, neurología, psiquiatría y cirugía, y director del Laboratorio de Sistemas de Energía Humana de la Universidad de Arizona.

Recibió su doctorado en psicología de la personalidad en la Universidad de Harvard en 1971. Luego de enseñar en Harvard durante cuatro años, pasó a ser profesor de psicología y psiquiatría en la Universidad de Yale, director del Centro de Psicofisiología de Yale y codirector de la Clínica de Medicina del Comportamiento de Yale; luego, se trasladó a Arizona en 1988. Ha coeditado once libros académicos, ha publicado más de cuatrocientos artículos científicos, entre ellos seis en la revista *Science*, y ha coescrito dos libros, *The Living Energy Universe* (El universo de la energía viviente) y *The Afterlife Experiments* (Los experimentos del más allá)*. Su actual investigación acerca de la medicina de energía y la supervivencia de la conciencia ha sido tratada en televisión, radio, periódicos y revistas. Sus presentaciones en televisión incluyen los documentales de la cadena de cable HBO, *Life After Life* y *American Undercover*†, y el programa especial *Beyond Death*‡, de la cadena de cable Arts & Entertainment, así como los programas de televisión *Discovery, Dateline, Nightline* y *Good Morning America*.

---

* *El universo de la energía viviente* y *Los experimentos del más allá*. (N. del T.)
† *Vida después de la vida* y *Estados Unidos clandestino*. (N. del T.)
‡ *Más allá de la muerte*. (N. del T.)

Introducción

Aquellos de ustedes que conocen la exitosa serie de televisión *Medium*, probablemente saben que está basada en mis experiencias reales. A quienes no han visto el programa, los insto a que lo vean y exploren la vida después de la muerte. *No les digas adiós* trata de mi vida, sin la ayuda de los excelentes escritores de la televisión. Es mi forma de compartir con ustedes cómo ser una médium ha afectado mi vida. Tal vez sientes curiosidad por mi capacidad para ver y sentir sucesos como no pueden hacerlo otras personas. Tal vez saber un poco más sobre los médiums permitirá que te hagas preguntas acerca de tu propia vida. Quizás seas una de las muchas personas que saben que su seres queridos siguen junto a ellos y quieren fortalecer sus conexiones con ellos. Te invito a que me acompañes en esta aventura a través de mi vida, de manera que puedas entender mejor cómo los sucesos de mi vida han conformado quién soy. Te permitiré vislumbrar cómo puede ser la vida después de la muerte. También te hablaré de cómo permanecer en contacto con aquellos seres que han sido más importantes para ti. Ojalá que, de la misma manera en que otras personas me han inspirado a mí, este libro sea una inspiración para ti.

En este libro cuento las experiencias de mi propia infancia para conectarme y relacionarme con jóvenes médiums que tienen preguntas y dudas sobre sus dones. Espero que mis experiencias ayuden a mostrar cómo un niño o niña con ese don podría sentir o ver las cosas. También espero que ilustre cómo quienes queremos a los jóvenes con esos dones, podemos ayudarlos a entender y a aceptar sus habilidades. Entender los dones que nos da la vida es parte del recorrido hacia nuestra transformación en seres humanos iluminados. Deseo que quienes lean mi libro tengan una percepción verdadera de la vida de una persona con habilidades especiales. Quiero que se entienda mejor de dónde vienen los médiums y los psíquicos, y qué tipo de potencialidades tenemos. Ser capaz de relacionarse con, o de pensar en, lo desconocido constituye la mitad de la batalla para expandir tus creencias espirituales. Tener la oportunidad de sentir eso personalmente es la otra mitad.

🐚 *Acerca de mí*

Soy médium y perfiladora*. Esto quiere decir que puedo predecir sucesos futuros, que puedo entrar en la mente de una persona, que puedo detectar problemas de salud en las personas y que puedo comunicarme con los muertos. Sí, "yo veo a los muertos".

A veces he deseado que alguien inventase una palabra mejor que "psíquica" para describir a las personas como yo. Entre todos los farsantes que existen actualmente y los estereotipos de gitanas brujas, la palabra se ha manchado para siempre. Llámenlo como quieran; yo poseo lo que llamo "el don".

Me trajeron a este mundo de la manera usual, el 24 de enero de 1972, en Phoenix, Arizona. Soy lo bastante mayor como para haber aprendido mi oficio y lo suficientemente joven como para confrontarlo. Tengo un hermano mayor, Michael, que a menudo me fastidiaba. Mis padres se divorciaron cuando yo era una bebé, pero crecí sabiendo que ambos me querían.

Incluso de pequeña, yo sabía que no era una niña tí-

---

* En casos delictivos, un perfilador ayuda en la reconstrucción del comportamiento de un sujeto desconocido a partir del análisis de las pruebas del lugar del crimen, de la autopsia, de las fotografías y de los informes preliminares que realiza la policía, con el fin de elaborar una descripción de la personalidad del delincuente, que puede incluir edad, sexo, profesión, educación, estado civil, posibles discapacidades o dolencias, etc. (N. del T.)

pica. Aparte de mi encuentro con mi bisabuelo despúes de su funeral (lo que discutiré en el capítulo "Una niñita conoce el más allá"), hubo otras muchas señales significativas de lo que vendría en el futuro.

Me identificaba con personajes que tenían dotes especiales. Ya fuera Tabitha en *Bewitched**, o Tia en *Escape to Witch Mountain*†, yo sabía que ellas era diferentes, igual que yo. Estaba segura de que ellas podían entender que me sintiera como una cosa rara, incomprendida por los adultos. Como me cuidaba de compartir ciertas informaciones con los demás, entendía por qué los personajes de la televisión o del cine escondían sus habilidades.

Mi identificación con estos personajes iba más allá de la imaginación de una niña y del deseo de ser la Mujer Maravilla o Superman. Cuando tenía alrededor de diez años, me dijeron (aquellos a quienes he llegado a conocer como mis guías) que yo era única. Me dijeron que cuando fuera mayor afectaría profundamente la vida de las personas. En ese entonces me resultaba dificil imaginarme que algún día yo podría hacer algo tan importante.

Recibí visitas esporádicas de mis guías a lo largo de

---

* Programa de la TV estadounidense sobre un ama de casa que era humana y bruja al mismo tiempo. Tabitha era la pequeña hija del personaje, quien también tenía dotes especiales. (N. del T.)
† Tia es uno de los personaje principales de esta película estadounidense de 1975 sobre dos mellizos con poderes especiales. (N. del T.)

mi infancia y mi juventud. No estaba segura a quiénes correspondían esas voces, pero sabía que provenían de una fuente buena y que venían de "allá arriba". Podía sentir la energía del visitante y, aunque no estaba asustada, mi mayor temor era no poder estar a la altura de lo que se esperaba de mí.

No podía dejar de pensar, ¿por qué yo? Luzco como una persona normal, y mis padres están divorciados. La iglesia me parecía aburrida. Mi mamá me obligaba a ir con ella todos los domingos, pero yo lo resentía. Prefería hablar personalmente con el cielo cuando estaba sola. Me sentía conectada con un poder superior y me afectaba mucho lo que otros pensaran acerca de eso. Pero al parecer, todos los adultos de la iglesia cantaban acerca de una cosa y practicaban otra. Yo no entendía aquello, pero si lo mencionaba, me regañaban.

Llené mi habitación de muñecas y animales de peluche, pero los míos tenían una meta defensiva. Los alineaba sobre los estantes, en el piso, dondequiera, situados de manera que llenaran un espacio y fueran una barrera entre yo y lo desconocido. Como podía sentir muchas variaciones de energía alrededor mío y a veces veía apariciones, mis animales de peluche llenaban el vacío físico donde yo sabía que existía una energía. Los juguetes también me ayudaron a calmar los nervios. Yo había creado en mi mente una explicación para la energía que sentía. Ya no miraba al espacio vacío, ni sentía como si una energía desconocida lo ocupara. Ahora mis juguetes llenaban ese espacio. Los niños, al igual que los adultos, buscan maneras de lidiar con circunstancias complicadas para poder sentirse bien.

Pasé mi juventud tratando de convencerme de que yo era normal. A principios de los años ochenta, participé en competencias de patinaje durante varios años. Journey, REO Speedwagon y The Go-Go's* fueron el telón de fondo musical de mi niñez. Las personas en la pista de patinaje también son dignas de recordar, con sus enormes permanentes, los calentadores de piernas y lucecitas en las ruedas de los patines. Me pasaba horas sentada mirando a la gente patinar cada vez con más rapidez, hasta que comenzaban a desdibujarse en círculos de luz. Las miraba fijamente, como si estuviera buscando que algo dentro de cada persona se hiciera visible.

Disfrutaba el riesgo de ganar o perder en las competencias. Patinaje de figuras, de baile, de estilo libre, hice de todo. Me encantaban sobre todo esas ocasiones poco frecuentes cuando se permitía que los chicos y las chicas compitieran entre ellos. Lo que más me gustaba era ganarles a los chicos.

El patinaje también me permitió evadir el conflicto en casa entre mi madre y mi padrastro. Cuando tenía doce años, mi mamá y el hombre al que llamé papá durante diez años terminaron su matrimonio. Un año después

---

* Grupos musicales de *rock* de los años 70 y 80. (N. del T.)

lo vi con su nueva familia. Él no me vio, y nunca volví a verlo de nuevo.

Mi mamá volvió a casarse un año o dos después, pero yo no cabía en el nuevo arreglo. Un mes antes de cumplir los dieciséis años, ya yo andaba por mi cuenta. Vivía en un apartamento con una amiga del bachillerato llamada Domini. Recuerdo estar acostada bebiendo cerveza y pensando en lo absurdo que fue haberle dicho una vez a mi maestra de sexto grado que yo aspiraba a estudiar en la Universidad de Harvard. ¡Ridículo!, pensé. ¡A este paso, ni siquiera iría a un colegio comunitario!

Mis años juveniles fueron dolorosos y solitarios. Estaba rodeada de gente, pero me sentía lo más sola que alguien puede sentirse. También sentía como si en ocasiones atrajera personas con mala energía. Siempre me preocupan los jóvenes que se destacan entre los demás, ya que tienen una luz interior que brilla a través de ellos. Eso lo escuché frecuentemente cuando era joven, y ahora lo entiendo. Los seres oscuros se sienten atraídos instintivamente por la luz y tratarán de manipularla. Un ser oscuro puede distinguir a un ser de luz a una milla de distancia. Desgraciadamente, por lo general a los seres de luz les resulta más difícil detectar a los oscuros, pero con la experiencia pueden aprender a reconocerlos y a evitarlos.

¿Alguna vez has observado una foto reciente de una persona cercana a ti y la has comparado con una foto del pasado? En los ojos de una persona joven hay un destello de luz que a menudo se extingue a medida que envejece. El secreto es asegurarte de que tu luz permanezca fuerte y brillante. Esa luz es un reflejo de tu alma. Nunca permitas que se extinga. He conocido hombres y mujeres de setenta años que tienen la esencia de personas de veinte años. Estoy decidida a conservar siempre la traviesa jovencita que llevo en mi interior.

Mi esposo jura que la noche en que lo conocí había una luz que brillaba sobre mí. Joe dice que no pudo resistirse averiguar quién era yo. Yo pensé que él no era más que un tipo fastidioso que intentaba enamorarme. Joe me ha ayudado a convertirme en una persona mejor. Me ha enseñado muchas lecciones que yo no hubiera tenido la paciencia de escuchar de otras personas. Lo más importante que me enseñó es que hay personas que son fieles a su palabra, gentes que siempre estarán ahí cuando se las necesita. Me ha enseñado a confiar.

Otra lección que Joe me enseñó fueron las matemáticas, y que no era demasiado tarde para aplicarlas a mi sueño de ir a la universidad. A pesar de todos los obstáculos, me gradué. Recibí mi título de Licenciatura en Artes* en la Universidad de Arizona, con especialidad en ciencias políticas y una segunda especialidad en historia. A pesar de que me había criado rodeada de todo tipo de personas que no tenían metas en sus vidas, una

---

* *Bachelor in Arts*—Bachiller en Artes. (N. del T.)

parte de mí siempre había sabido que, de algún modo, yo llegaría a graduarme de la universidad. Me imagino que soy uno de esos seres afortunados a quienes las cosas siempre les salen bien. Me veo como un ser al que una fuerza más poderosa que yo siempre está empujando de vuelta al camino correcto. Estoy agradecida por eso.

Mientras estaba sentada en mi aula de la Universidad Estatal de Arizona compadeciéndome a mí misma, conocí a una muchacha en una silla de ruedas. Era ciega y tenía un perro guía, pero jamás la oí quejarse, ¡ni una sola vez! Muy pronto dejé de sentir lástima por mí misma. La vida es una serie de lecciones importantes que hay que aprender. Tienes que prestar atención en el aula. Pensar en ella me ayuda a recordar que siempre hay alguien que la está pasando peor que yo.

En general, la década de mis veinte años fue plena y emocionante. Cometí errores, conocí a Joe, me gradué de la universidad, tuve a mis hijas, hice una pasantía en el departamento de homicidios, produje un video sobre seguridad personal y me preparé para empezar otra vez con una nueva historia. No sé cómo acabé teniendo una vida tan colorida y extraordinaria, pero estoy agradecida por todo lo que he hecho y por todo lo que tengo.

Ahora que ya conoces mi pasado y lo que hago, te insto a que uses el resto de mi libro para pensar acerca de tus propias experiencias.

Por favor, recuerda que los médiums les sirven tanto a los vivos como a los muertos. Nosotros servimos de puente entre los dos lados. Si alguna vez te has preguntado si hay otra vida en el más allá, espero que este libro te ayude a ver que, ciertamente, hay todo un mundo en el otro lado.

CAPÍTULO 1

A mi manera

Miré fijamente hacia afuera por la ventana que daba al patio. Observé las estrellas en el cielo, y luego bajé los ojos al juguete con que jugaban mis hijas.

—Papá, ¿dónde estás?

Estudié cada sección del patio.

—Puedo ver a todos los demás; ¿por qué no a ti? ¡No puedo ver cómo luces ahora! *Necesito* verte.

Sollocé como si pudiera expulsar la angustia de mi cuerpo por medio de las lágrimas. Pero por mucho que llorara, el terrible dolor se negaba a marcharse.

Me tiré sobre el sofá y observé la casa a la que me había mudado hacía menos de cuatro semanas. La casa a la que me había mudado para estar más cerca de mi papá. Pero mi papá nunca llegó a pasar por la puerta de entrada, ya que había fallecido súbitamente hacía menos de veinticuatro horas.

Dos días antes, yo había conversado con mi vecina Allison, a quien había conocido al mudarme. Su padre había sido diagnosticado repentinamente con una enfermedad cerebral avanzada y su pronóstico médico no era bueno. Era un hombre maravilloso al que yo había tenido el privilegio de conocer en una ocasión.

Le había dicho:

—Sé que es difícil ver dones de cualquier tipo en el estado de salud de tu papá, pero déjame señalarte uno. Yo consulto a muchas personas que están devastadas porque nunca tuvieron la oportunidad de decir adiós. Te han dado una oportunidad de abrazar a tu papá, de sentarte junto a él y, cuando llegue el momento, de decirle adiós. Di y haz ahora todo lo que tienes que decir y hacer, para que te sientas bien cuando lleguen sus últimos momentos. Lo que yo no puedo hacer como médium es retener a aquellos que se han ido. En cierta forma puedo tocarlos, pero no puedo retenerlos. No es lo mismo. Así es el don.

Luego, Allison y yo reconoceríamos la importancia de nuestra nueva amistad.

La muerte de mi padre se produjo al término de un fin de semana divertido. El 20 de septiembre de 2002 viajé a California para asistir a la boda de mi prima Vanessa. Me sentía feliz de estar allí con mi esposo, Joe; necesitábamos un descanso. Una serie de extraños trastornos estaban sucediendo durante la ceremonia. Sonreí burlonamente y apreté la mano de Joe.

Yo sabía que la hermana de mi papá, Olivia, quien había muerto hacía seis años, estaba haciendo sentir su presencia. Nunca había dudado de que ella iba a estar allí; pero me preguntaba cómo iba a hacerse sentir. Después de la boda seguimos a la prometida de mi primo Mark a la recepción; tomamos la salida equivocada y acabamos en una carretera secundaria. Eso nos demoró un poco, pero cuando llegamos estábamos listos para pasarla bien.

El momento de nuestra llegada luego iba a resultar muy importante. Entramos al salón de baile y escuché una canción conocida. Ese instante permanecerá en mi mente para siempre. Los mariachis estaban tocando "My Way"*. Para empezar, yo nunca había oído tocar esa canción en una boda, porque el tema no habla para nada de la unidad. Segundo, los mariachis por lo general no tocan esa canción, ya que es en inglés. Me viré hacia atrás y miré a Joe y a mi primo Mark.

—¡Ay, Dios mío! Qué extraño… ¡Eso es lo que yo voy a tocar en el funeral de papá!

"My Way" es la canción perfecta para mi papá, no sólo porque él era un espíritu libre, sino también porque tenía un aire de confianza en sí mismo.† Durante déca-

---

* "A mi manera" es su título en español. (N. del T.)
† Frank Sinatra hizo famosa la canción "My Way" en los años 60 y la convirtió en uno de sus himnos musicales. (N. del T.)

das él había practicado baile de salón profesionalmente y solíamos escuchar juntos a Frank Sinatra. Usaba un anillo con un gran diamante en el dedo meñique, y cuando yo tenía diecisiete años también comencé a usar uno como una forma de conectarme con mi papá. Todo lo que él hacía, lo hacía con estilo.

Dos años antes, yo había hecho una predicción. Un día, luego de haber desayunado con mi papá, llegué a casa y le dije a mi esposo que sentía de una manera muy intensa que mi papá iba a fallecer a los sesenta y siete años debido a un infarto masivo. Desde ese momento, me había empeñado en tratar de impedirlo. Comenté esta predicción con unos cuantos amigos y con miembros de mi familia. Mi amiga Stacey y yo ya habíamos ido de compras y escogido un CD de Sinatra que tenía "My Way". Le dije que lo necesitaba para el funeral de mi papá. Yo estaba, al mismo tiempo, planeando su funeral y tratando de prevenirlo. Mi papá me prometió que iba a hacerse una revisión del corazón, y lo hizo, varias veces; los médicos dijeron que todo estaba bien.

Puse mi atención nuevamente en la recepción y, cuando la canción terminó, me sentí muy mal.

—Deja de pensar en eso. Papá está bien —me dije, rogando que fuera verdad. Lo había enviado a todos los institutos de tratamiento cardiaco de nuestra área. Él hacía ejercicios con regularidad y comía adecuadamente. Me escuchaba. Eso es lo que se llama intervenir, ¿no es cierto?

Era viernes y yo acababa de hablar con papá la noche anterior. Pensaba llamarto el domingo cuando regresara a casa. Él iba a venir a almorzar el sábado siguiente. Extrañé a mi papá constantemente en el tiempo que estuve fuera. Me había mudado al área central de Phoenix desde Gilbert, Arizona, para poder pasar más tiempo junto a él. Estaba ansiosa por verlo con más frecuencia. Yo llevaba en Phoenix tres semanas y todavía estaba desempacando.

El domingo por la mañana estábamos con mi primo Mark y mi amiga Laurie, esperando para tomar nuestro vuelo de regreso en unas cuantas horas. El teléfono sonó y Joe contestó. Después de escuchar por un momento, me miró y me dijo:

—Allison, tu papá falleció.

Sentí como si me hubieran sacado todo el aire del cuerpo.

—¿Quieres decir mi abuela? ¡Papá no puede haber fallecido!

La mirada en el rostro de Joe lo confirmó. Mi corazón se hizo pedazos al instante. No podía pensar claramente.

Sentí tanta ira contra Dios: "¡No puedes llevarte a mi papá! Vivo sufriendo el ridículo y las dudas de los demás, y aun así hago lo que se me pide. He hecho todo lo que me has pedido sin vacilar, ¡pero con la condición de que no te llevaras a mi padre!"

Tenía sólo treinta años y ya había perdido a mi padre. Mis hijas no tendrían abuelo; dos de ellas serían demasiado jóvenes para recordarlo claramente. Yo daba consejos a personas que pasaban por un mal momento, pero no podía calmarme a mí misma. De pronto, estaba vacía. No me quedaba *nada* que dar.

Mientras volaba a casa, observé cómo la gente continuaba sus vidas. Quería decirles: "¡Deténganse! ¡Mi padre ha muerto y todo debe detenerse!".

Pero las cosas no funcionan así. Lo sé. Me estaba comportando de manera irracional, pero no podía evitarlo. Mientras luchaba con mi dolor, me di cuenta de que yo era el familiar más cercano de papá y tenía que planear un funeral.

La muerte es curiosa en el sentido de que saca lo mejor y lo peor de la gente. Ilumina la verdad y presenta la vida con una claridad que ciega. La realidad estaba comenzando a imponerse nuevamente. Fui a recoger sus objetos personales y deslicé su anillo en mi dedo meñique, junto al anillo que ya llevaba, y allí se quedará para siempre. Había perdido el sentido del tiempo, del hambre, o de cualquier otra rutina de la vida diaria. Todo se había convertido en una gran y dolorosa confusión. Le dije a mi esposo que no quería dormir, porque cada noche que durmiera era una más desde el día en que papá había fallecido. No quería que papá se convirtiera en un recuerdo lejano. No sabía cómo actuar, me sentía frustrada porque no podía sentirlo como siento a otras personas que han fallecido.

En su funeral vi a mi primo Mike, a quien nombraron

así por mi papá, y nos abrazamos. Mike me dio una foto asombrosa. En ella, mi papá y el papá de Mike tenían cada uno un brazo por encima del hombro del otro; fue durante la boda de Mike, veinte años atrás. Sus luminosas sonrisas indicaban que ambos la estaban pasando divinamente. El papá de Mike había muerto hacía diez años. Me sentí tan agradecida por esa foto. Extendí mi mano hacia Mike y coloqué en la suya el reloj de oro de mi papá. Había sido su favorito; tenía grabado "Mike" en la parte de atrás, y lo usaba a diario.

—Mi papá hubiera deseado que tuvieras esto —le dije.

Mike sonrió.

—Allison, mi papá grabó este reloj para tu padre. Reconozco su trabajo.

Creo fueron nuestros padres quienes nos inspiraron a Mike y a mí para que cada uno de nosotros trajera un símbolo de su amor y los intercambiásemos. El reloj le brindó a mi primo no sólo amor por parte de mi papá, sino también una señal de su propio padre. La foto me dio a mí una sensación de felicidad que pensé que nunca iba a sentir nuevamente, así como una "imagen" de cómo él luce en el más allá. Yo no podía llegar a mi papá, pero él llegó hasta mí.

De pronto, me sentí enfadada. "¡Estoy en el funeral de mi padre!"

Alcé la vista hacia el techo de vidrio de colores de la iglesia, y de nuevo la emprendí contra Dios: "¿Cómo pudiste llevártelo de esa forma? ¿Por qué tendría yo que volver a escucharte otra vez?"

Oí una suave voz de mujer que decía: "Te regalaron *dos años* para despedirte de él".

La voz tenía razón. ¡Me habían dado dos años! Aunque yo no estaba junto a mi padre en el momento de su fallecimiento, me había estado despidiendo de él cada vez que lo veía o le hablaba. Me había estado despidiendo con cada una de mis palabras y acciones durante dos años, y yo lo sabía. Había sabido que mi padre tenía los días contados desde el día en que me informaron a qué edad y por qué causa fallecería.

Eso había sido una bendición y una maldición a la vez. Pensé en mi última conversación con mi papá. Le había dicho:

—Espera, papá, te ayudo cuando regrese. No me dejes; todavía te necesito.

Como no me contestó, le dije que lo quería y colgué. Es interesante que no pude separar la médium que hay en mí de la hija. Mis palabras, claramente, eran el reconocimiento de una pérdida. Yo no quería darme cuenta, porque esta vez tenía que equivocarme.

Me di cuenta entonces de que, si hubiera podido escoger, jamás lo habría dejado partir. Dios es el que decide cuándo nuestras almas deben seguir adelante y cuando es tiempo de partir de esta vida. Ninguno de nosotros renunciaríamos, sencillamente, a nuestros seres queridos o, en lo que a eso se refiere, a nosotros mismos: "Está bien, Dios, ¡llévatelos! ¡Adiós!" No, no creo que eso pudiera suceder.

Al principio, no pude establecer contacto con mi padre, y es que estaba bloqueada por mi propio dolor, pero finalmente, él llegó a mí. La semana después de su fallecimiento, me llamaron por teléfono dos de sus alumnos de baile. Quienes llamaron lo hicieron independientemente uno de otro, ni tampoco ninguno de los dos alumnos sabía que soy médium. Sé que mi padre no se los dijo. Su respuesta cuando se enteró de mi habilidad había sido:

—¡Bueno, pues no se lo digas a nadie!

Ambos alumnos me confesaron que habían visto a mi padre en sueños. Me dijeron que se veía muy bien y muy alegre. En ambos sueños, habían conversado con él y él les había dicho que llamaran a su hija y le dijeran que él estaba bien. Ambos habían vacilado en llamarme, preocupados de que yo pensara que se habían vuelto locos. ¿Gracioso, verdad?

Cuando los seres queridos no pueden comunicarse contigo, tratarán de hacerlo hasta que lo logren. Me consuela muchísimo saber que papá pudo, a través de otros, enviarme energía para aliviar mi dolor. Todos debemos agradecer ese tipo de señales y mensajes; son invaluables.

Contraté a mariachis para el funeral de papá, y por supuesto que les pedí que cantaran "My Way". Además, vinieron infantes de marina para llevar a cabo la ceremonia de la bandera, y uno de ellos tocó "Taps"*. Papá estaba tan orgulloso de haber servido a su país. Planeé el funeral que él habría deseado y un velatorio que le habría resultado divertido, con muchas fotos, cuentos y buenos amigos. Yo sabía que papá estaría allí, en su funeral y en su velatorio; quería darle una despedida en la que la pasara bien. Lo hice, y ahora trato de vivir sin arrepentirme. Lo único que resultó extraño fue que yo no lo veía claramente de la misma forma en que, por lo general, veo al "invitado de honor" durante un funeral.

Hacemos cualquier cosa para procesar nuestro dolor, y yo lo sufrí a mi modo. Sentí que si oía decir "¡Sé fuerte!" una vez más, me iba a poner a gritar. No quería ser fuerte e, incluso, no quería preocuparme de hacer o decir lo correcto. Si no puedes desmoronarte de dolor después de perder a tu padre, ¿cuándo vas a hacerlo? La muerte consiste en desmoronarse. Tienes que desmoronarte de dolor para que puedas alzarte de nuevo. Mi papá murió y yo no soy la misma persona. Nunca volveré a ser esa persona, pero he aprendido con su muerte. Sin duda me ha enriquecido como médium.

Trato de observar los puntos fuertes de aquellos que ya no están entre nosotros, e incorporarlos a mi persona. Una de las virtudes de mi padre era su risa. Él se

---

* Este es un toque de clarín del ejército que se toca a menudo al final de los funerales militares. (N. del T.)

divertía, y también divertía a todos los que lo rodeaban. La gente lo quería porque él los hacía sentir bien respecto a ellos mismos. Ahora hago un esfuerzo adicional para ser sociable, para darme tiempo de compartir buenos ratos con mis amigos. El mayor cumplido que puedes hacerle a alguien que has querido y has perdido es mantener una parte de él o ella viva dentro de ti, reconociendo así lo importante que ha sido para ti esa persona.

A las siete semanas del fallecimiento de mi padre, mi amigo Randy murió de un infarto a los cuarenta y nueve años. Mientras estaba sentada consolando a sus tres jóvenes hijos y a su bella esposa, me di cuenta de que los hijos de Randy no sólo estaban orgullosos de su padre, sino que también estaban conscientes de que él había tenido una vida maravillosa. Estaban acongojados, pero casi todo lo que decían se refería a algo que Randy había logrado o que él les había enseñado.

Erica, la excepcional hija de diecinueve años de Randy, dijo:

—Mi papá nunca caminará conmigo hacia el altar el día de mi boda. No podrá conocer a sus nietos.

¿Qué podía yo decir? Ella tenía razón. ¿Cuán injusto era eso? Me di cuenta de lo dichosa que fui de haber podido tener a mi papá durante treinta años. Algunas personas tienen aun menos tiempo, o ninguno en absoluto.

Pero ella no estaba esperando por mi respuesta; comenzó enseguida a relatar otra gran historia de sus muchos veranos junto al lago. Cuando Randy mira hacia abajo, seguramente está orgulloso de sus hijos maravillosos.

En el funeral de Randy también tocaron "My Way". Sollocé y procesé lo que no había acabado de procesar en el funeral de mi papá. Una vez más, la canción encajaba a la perfección.

Escribí este capítulo en parte porque muchas personas se atormentan con la muerte de un ser querido. Creen que si hubiesen llevado a su mamá al médico, habrían descubierto a tiempo que algo andaba mal, que habrían podido prevenir la desaparición de aquellos a los que amaban.

Yo debo ser un ejemplo para todas esas personas. Sabía que papá iba a morir y conocía la causa. Créanme, yo hice *todo* para prevenirlo, pero descubrí que no estaba en mis manos hacerlo; nunca lo había estado. Cuando recibo información del más allá que beneficia a un cliente, o que incluso ayuda a salvar una vida, aun así sigo siendo sólo un vehículo. La información iba a llegar a ellos de todas formas; da la casualidad que yo fui el conducto. Pero cuando a alguien le llega su hora, le llega. Espero poder aliviar el sentimiento de culpa que produce "fallar" en ver una señal que pudiera prevenir una muerte. La historia de mi padre debería servirle de recordatorio a todos de que a veces, sencillamente, eso no está en nuestras manos.

Mi amiga Allison ve cómo la desaparición de nuestros dos maravillosos padres muestra ambas caras de la moneda: el fallecimiento rápido e inesperado de mi papá, el lento y prolongado del padre de ella. Ambos tienen un don. Casi todas las experiencias ofrecen algún don; si los buscas, los encuentras. A veces son difíciles de reconocer a través de las lágrimas, pero con el tiempo llegas a verlos.

Ahora celebro la vida de papá. He aprendido a conocer y a amar a mi papá aun más desde que se fue. Mientras revisaba sus pertenencias, en busca de algo suyo, lo redescubría a cada instante. Lo encontré en los muchos cheques que envió a Feed the Children* y a otras causas benéficas para niños. Lo encuentro en su caja de trofeos de baile, que se remontan hasta principios de los años 60. Lo encuentro en las tarjetas que yo le había dado a lo largo de los años y en las infantiles ilustraciones que dibujé para él cuando era niña. Él estaba en los rostros de mis hijas en las fotos que revisé con el corazón angustiado. Al reclamar sus queridas pertenencias, decidí reclamarlo a él. Porque él no se ha ido realmente.

A mi padre le digo: "¡Hasta que volvamos a vernos, papá! Te quiero, pero eso tú ya lo sabes".

Mi papá tenía un dicho con el que terminaba sus conversaciones: "Cha cha cha, que será, será". Él siempre supo que lo que será, será.

---

* Alimentos para los niños (N. del T.)

$\mathcal{U}$na niñita conoce
el más allá

En 1978, a la avanzada edad de seis años, tuve mi primer encuentro con el más allá (al menos, el primero que recuerdo). Mi bisabuelo Johnson falleció luego de una larga batalla contra el cáncer intestinal. Recuerdo a mi mamá llorando porque abuelito estaba pasando por un dolor horrible, él, que siempre había sido tan bueno con ella. Su muerte pareció demasiado prolongada.

Fui a su funeral, pero realmente no entendía lo que estaba sucediendo. Recuerdo que el ataúd de abuelito estaba tan alto que no podía decirle adiós. Mamá tuvo que levantarme para que yo pudiera mirarlo por última vez.

Abuelito Johnson usaba a menudo un sombrero de vaquero. Era un hombre alto y amistoso que adoraba a los niños. Yo iba a extrañar sus juegos conmigo. Le susurré "adiós" al oído y luego me escondí detrás de mi mamá, tratando de escapar.

Quería entender lo que estaba sucediendo. ¿Por qué todos estaban sollozando? Traté de quitarme del medio mientras mi hermano mayor, Michael, intentaba obligarme a tocar la fría mano de abuelito. Eso me petrificó. Fue un día largo y triste.

Esa noche, mientras dormía, una presencia hizo que me despertara. Mi habitación estaba llena de un suave resplandor. No estaba asustada, pero sí inquieta.

Abuelito Johnson estaba parado al pie de mi cama y me dijo:

—Estoy bien, estoy todavía junto a ti. Dile a tu mamá que ya el dolor terminó.

Yo quería llamar a mamá, pero estaba paralizada e impresionada. Quería que ella lo viera y que supiera que ya no estaba enfermo. Quería que viera que él había regresado, o al menos eso es lo que yo pensaba. Abuelito permaneció sólo un momento luego de darme su mensaje, y se fue.

¿Qué estaba pasando? Regresaba y luego, al minuto siguiente, se iba de nuevo. ¿Es que no quería quedarse?

Salí de la cama y avancé por el pasillo hasta sentarme junto a la puerta de mamá. Yo sabía que lo que había sucedido no era normal. Mamá jamás había hablado de volver a ver a alguien después de su funeral. Me preocupaba que ella pensara que yo estaba inventando cosas y que me metiera en líos. Pero, de todos modos, se lo dije. La experiencia era demasiado especial como para no contarla. Tenía que contárselo; eso fue lo que dijo abuelito.

Mi mamá hizo lo que haría la mayoría de los padres.

—Por supuesto que te creo —me dijo, y luego se dio la vuelta.

Pero yo sabía que no me creía. Me sentí tan incomprendida. Su reacción, aunque era normal, dio inicio en mí a una actitud de negación y confusión. Mi mentecita lógica comenzó a trabajar. Si yo sólo había imaginado ver a mi abuelo, entonces, realmente, él no me había visitado.

Siempre me habían dicho que yo tenía una imaginación muy activa, por lo que decidí no contarle a nadie sobre estos momentos "imaginativos". Después de que el tema de abuelito se olvidó, descarté los sucesos psíquicos e ignoré todos los mensajes del más allá. A veces pensaba que estaba teniendo alucinaciones. Podía ver borrosas figuras humanas paradas al lado de la gente. Curiosas informaciones personales acerca de extraños me venían a la cabeza y se presentaban de principio a fin, como una película. Me convencí a mí misma de que mi mente, por aburrimiento, estaba creando visiones. Pero ya estaba cansada de tanto tumulto visual. El más allá me había sobrecargado y ni siquiera lo sabía.

Al ser una niña con poderes psíquicos, necesitaba que me estimularan a hablar de mi habilidad, pero ¿cómo podía saber mi mamá lo que yo necesitaba? Nuestra sociedad no sabe, en general, cómo ayudar a que los jóvenes médiums desarrollen su talento. Una de las razones por las que escribí este libro fue para ayudar a los padres con hijos que poseen dones, y a esos niños, a evitar los malentendidos y la confusión. Quiero impedir que los jóvenes rechacen sus dones y que, por el contrario, los acepten y los desarrollen desde sus primeros años.

CAPITULO 3

Un ángel en mi hombro

A los once años, yo era una niña de aspecto raro. Mis piernas parecían las de una potranca, largas y de rodillas protuberantes. Tenía el pelo largo, crespo y rojo. Mis mejillas estaban repletas de pecas, que yo odiaba. Pero para un extraño yo era como cualquier otra niña típica estadounidense sin preocupaciones en su vida. Como la mayoría de los niños muy protegidos en su hogar, era un poco ingenua.

Una tarde, iba en bicicleta hacia mi casa luego de jugar en la casa de una amiguita del barrio; iba pensando en lo que mi mamá habría preparado para la cena. Al doblar una esquina, pase por un callejón a lo largo del cual se alzaban cercas de madera de viviendas de clase media. Justo en ese momento, un automóvil, con dos hombres jóvenes, se detuvo junto a mí.

El que iba en el lado del pasajero estiró el cuerpo hacia mí a través de su ventana. Con su melena larga, se me pareció un poco a mi hermano mayor, Michael. Pensé que tal vez era uno de sus amigos. Vivíamos en una calle sin salida, así que la mayoría de los jovencitos que conducín en esa dirección iban a visitarlo.

Los momentos que siguieron han quedado grabados en mi memoria para siempre.

Él sonrió y me dijo:

—¿Quieres que te lleve a casa?

—No, gracias —le respondí. Mi mamá me había enseñado que era importante ser cortés—. Vivo en la esquina. Estoy llegando.

Entonces me dijo:

—Vamos, ¡la pasaremos bien! Ven a pasear con nosotros.

Miré alrededor. No había nadie en ninguno de los patios del frente, ni nadie conducía por la calle 32, nadie por todo eso. Se me revolvió el estómago. Algo malo estaba pasando, pero no podía moverme.

Una voz me habló al oído: *¡Vete! ¡Corre!* Imágenes de mi casa relampaguearon una y otra vez en mi cabeza. La voz me sacó de mi paralizante temor y avancé en la bicicleta hacia mi casa. El auto con los dos hombres salió en dirección contraria y aceleró por la calle 32. Me dolía el pecho de tanto contener el aliento de puro miedo. Pedaleé hacia mi casa lo más rápido que pude y le conté a mi mamá lo que había sucedido.

Ella hizo lo que hace la mayoría de los padres cuando

confrontan esta situación: no llamar a la policía. Luego de haber pasado años promoviendo la seguridad de los niños, sé que, por desgracia, los padres no informan a las autoridades de la mayoría de los intentos de secuestro infantil.

Ese mismo año un niño que repartía periódicos fue secuestrado y abusado sexualmente en mi barrio. Sé en lo más profundo de mi ser que si me hubiera quedado quieta tan sólo treinta segundos más, me habrían halado por la ventana hacia el interior del auto y habría sido víctima de un delito violento. También sé que gracias a que escuché esa voz tan poderosa y llena de autoridad aquella calurosa tarde de 1983, estoy aquí para contarles esta historia a mis lectores. Escuché y sobreviví. Escucha a tus guías, ya sientas que son ángeles, miembros de tu familia que están en el más allá o, sencillamente, guardianes. Ellos tratan de conducirnos con seguridad y éxito a través de la vida, así que préstales atención. No los rechaces. No cuestiones si están allí en realidad: ellos sí están allí.

Recuerdo que ese mismo año vi una película de televisión titulada *Adam*. Era la historia de Adam Walsh, un niño de seis años que había sido secuestrado, asesinado y decapitado. Mientras veía la película, me di cuenta de lo que los secuestradores pueden hacerles a los niños. Yo estaba tan protegida que no tenía la menor idea de que cosas tan horribles pudieran suceder. Me di cuenta de lo que aquellos dos hombres podrían haberme hecho si yo me hubiera quedado un poco más de tiempo.

No entendía por qué la gente les hacía daño a los niños, pero sabía que eso estaba mal. Sabía que, de algún modo, otros adultos podían ayudar a impedir que la gente mala les hiciera daño a los niños. Me juré que, cuando creciera, iba a hacer algo para proteger a los niños de sus victimarios. Sería probablemente por medios políticos o legales. Yo todavía no era lo suficientemente grande, pero algún día lo sería.

Recuerdo que mi temor a ser secuestrada se convirtió en rabia y, luego, en un plan. En menos de un año escribí un ensayo escolar en el que discutía mi carrera futura. Iba a ser fiscal, y algún día sería la jueza que impondría duros castigos a quienes les hicieran daño a los niños. Mi camino ya se estaba definiendo. Sentí la vocación de pelear contra los depredadores de niños.

Dos décadas después, en noviembre de 2000, el objetivo de mi vida renacería como resultado del caso de una persona desaparecida en Texas que me condujo a ayudar a establecer un sistema de alerta de secuestro de niños en Arizona. Discutiré eso en el próximo capítulo.

Si puedo brindar a las autoridades información sobre un perpetrador que ayude a encaminarlos en la dirección correcta, entonces he ayudado en la lucha contra un delincuente. Lo que hago, lo hago para equilibrar la balanza. Si alguien que le hace daño a un niño es llevado ante la ley, entonces toda la sociedad puede sentirse más tranquila. Si puedo ayudar a aliviar el dolor de los familiares de una víctima y, de algún modo, consolarlos, entonces vale la pena el duro esfuerzo que hago.

Ahora sé que cuando pedaleé mi bicicleta hacia casa ese aterrador día cuando tenía once años, había un ángel en mi hombro, situándome en el camino que yo habría de seguir cuando fuera adulta.

CAPÍTULO 4

$\mathcal{D}$esaparecidos

En mi primer año de la universidad, a los diecinueve años, recibí mi primera clase de ciencias políticas. Mientras escuchaba a mi profesor impartir su lección a diario, estableciendo los detalles de las diversas guerras, fui interesándome cada vez más en cómo un estratega político podía evitar una situación peligrosa. Pensé que esas personas no sólo necesitaban utilizar sus conocimientos históricos, sino también un claro instinto para desactivar crisis potenciales. Los estrategas políticos han desempeñado papeles cruciales en el trasfondo de la seguridad en Estados Unidos.

Ahora estaba indecisa entre ser abogado o ser estratega politica. Yo poseía una habilidad para saber qué iba a hacer alguien antes de que lo hiciera, y a menudo recibía un retrato mental de un criminal mientras estaba mirando informes de noticias sobre casos no resueltos. Pero era todavía demasiado joven e inexperta para darme cuenta de cuán grande era mi habilidad. Me negaba a pensar en mí misma como alguien diferente de los demás. Haría falta más tiempo y una serie de complicados sucesos para producir esa conciencia y esa aceptación.

Hasta ahora, he trabajado en los casos de numerosas personas desaparecidas. Yo hago perfiles para la policía y ayudo a los amigos y familiares de personas asesinadas. Puedo llegar a las mentes de las víctimas y de los victimarios por igual. Veo que soy más efectiva si llego a las mentes de los criminales, ya que ellos tienden a actuar impulsados por la adrenalina, es decir, que funcionan más con la mente que con el corazón o el alma. Para mí es más fácil conocer lo que alguien piensa que sentir lo que siente. Como prefiero obtener la mayor cantidad de información en el menor tiempo posible, mientras menos emoción haya obtengo más información coherente. Desafortunadamente, la mayoría de los casos de secuestro no tienen el final feliz que todos quisiéramos que tuvieran.

La mayor parte de la gente no se da cuenta de que hay numerosos perfiladores psíquicos competentes (aunque la parte "psíquica" no siempre se reconoce) que ayudan a las autoridades todos los días. Hay que entender que casi nunca podemos tomar el crédito por nuestro trabajo, ya que eso podría dañar legalmente un caso. La defensa se divertiría de lo lindo en el juzgado si un médium interviniera, y no queremos desacreditar a la fiscalía ni hacer algo que pudiera debilitar un caso.

La policía también vacila en reconocer nuestro papel debido a la controversia que rodea a los psíquicos. Como tengo parientes que trabajan con la policía, y como yo misma he trabajado en ese campo, puedo entender por qué esto sucede.

Trabajar en casos de personas desaparecidas deja a los psíquicos exhaustos física y emocionalmente. Requiere mucha energía tener acceso a los perpetradores y a sus víctimas. Estos nos expone a cosas que la mayoría de las personas nunca experimenta. Por estas razones, algunos psíquicos prefieren no trabajar en los casos de personas desaparecidas.

Además de dejarte exhausta, es a menudo una labor ingrata. Quienes deciden hacerlo lo hacen porque quieren tener un impacto positivo. A mí me dieron el don de ver en las mentes de los criminales, y no voy a malgastar ese don. Al mismo tiempo, para no agotame, sólo trabajo en un número limitado de casos al año. (Que quede claro, jamás he pedido ni aceptado un pago por trabajar en un caso.)

No trabajo en los casos donde no puedo ofrecer detalles específicos y útiles. Prefiero no trabajar personalmente con una familia, sino con la policía, amigos de la familia y personas por el estilo. Yo perfilo para ayudar a la gente, no para herirla.

Mientras trabajaba como representante de los derechos de los niños en un ambiente desligado de la mediumnidad, tuve la oportunidad de hablar con algunos padres de niños desaparecidos que anteriomente habían recurrido a la ayuda de psíquicos. Me quedé pasmada de lo que esos crueles oportunistas les habían dicho. Les habían dado detalles dolorosos y traumáticos de los secuestros de sus hijos, pero no los habían acercado al hallazgo de sus hijos ni de sus secuestradores. Y luego, los psíquicos les cobraban dinero por causarle un dolor tan grande.

No puedo decirles cuánto me molesta eso. Siento cólera al pensar en esos padres y en sus hijos, porque me paso la vida tratando de darle credibilidad a mi don de médium.

Espero que al brindar algunas orientaciones a los psíquicos y médiums jóvenes, pueda evitar que se conviertan en los tipos que lastiman a sus clientes y perjudican la reputación de nuestra especialidad. No hay nada más duro que la muerte de un ser querido, sobre todo si se trata de un niño. Si detalles como "Ella está sufriendo horriblemente" o "Ella está llamando a gritos a su mamá" son pertinentes en un caso (lo que no es probable), se los ofrezco a la policía, no a la familia. Aquellos que añaden sal a una herida abierta, no sólo son inmorales, sino que tampoco tienen compasión ni conciencia.

🐚 *Búsqueda en Texas*

En agosto de 2000, tuve la oportunidad de trabajar con la policía de Texas en mi primer caso oficial de personas desaparecidas. Para mí, este caso siempre será especial, y dio como resultado algo de lo que siempre estaré orgullosa.

Yo había provisto a las autoridades de detalles específicos acerca de un perpetrador en el caso del secuestro y asesinato de una niñita; esta información no se había dado a conocer al público. Estaban tan desconcertados con la información que deseaban reunirse conmigo personalmente.

Yo estaba planeando un viaje a Virginia para una entrevista con la prensa e hice arreglos para tomar un vuelo de conexión en Dallas, en cuyo aeropuerto me encontré con un grupo de policías tejanos de aspecto digno. Eran altos y corteses, y estaban listos para entrar en acción. Uno de mis favoritos fue el sargento. Muy tejano, y digo eso como un elogio. Los dos nos caímos muy bien.

Durante el viaje en auto, se volvió hacia mí y me dijo:

—Dígame algo acerca de mí. —Lo dijo de una forma amistosa, así que no me molesté.

—¡Ah, una prueba! Como si yo no tuviera que enfrentarme a eso todos los días de mi vida. —Hice una pausa, sonreí, y dije— Usted tiene un problema cardiaco grave; tiene que prestar mucha atención a su salud.

Él y la enérgica mujer policía que iba con nosotros estallaron de la risa.

—¿Por qué se ríen?

—Acabo de operarme de desvío coronario doble —dijo el sargento.

Le aconsejé que no dejara de hacer la rutina diaria que le había indicado el médico. (Desafortunadamente, me llamó al cabo de pocos meses para decirme que había sufrido otro infarto.)

Viajamos durante unas cuantas horas en auto y cubrimos las numerosas áreas donde el malhechor decía que había llevado a la niña. Se trataba de un mentiroso compulsivo, de manera que eliminé las áreas falsas en la lista de la policía. (A muchos asesinos múltiples les gusta mantener en secreto los lugares donde están sus víctimas; saben que eso les da poder sobre las autoridades y la sociedad.) Por cierto, la policía ya había eliminado algunas áreas; habían decidido ponerme a prueba. Avancé con dificultad por entre áreas boscosas, y pisé los cadáveres y esqueletos de animales y cosas por el estilo. Me hubiera gustado tener mi pistola conmigo; aquello parecía salido de una película de horror. Los policías tenían una clara ventaja, y me prometieron que no dejarían que las tarántulas me atraparan.

Vi la cerca de púas que yo había descrito, y el área donde estaba caminando estaba cerca de una pista importante que yo había señalado en un mapa antes de venir a Texas. La información que había ofrecido anteriormente coincidía con la que habían brindado los cómplices del asesino, y comprobé que yo había descrito correctamente el vehículo que se usó para secuestrar a la niña; también había acertado al decir que el perpetrador había cambiado de vehículo durante el rapto. Siempre resulta un poco aterrador ver que nuestras visiones se hacen realidad.

Cayó la noche y nos fue imposible cubrir el resto del área. Mi vuelo era por la mañana y tenía que irme sin finalizar la búsqueda. Mis botas de excursión y yo tendríamos que regresar en otro momento. Me sentía frustrada. Había estado buscando evidencias de la muerte de la niña y parecía que mis esfuerzos habían sido en vano. En una extraña coincidencia, la tormenta tropical Allison llegó e inundó el área poco después.

Los policía tejanos y otros agentes de la ley con los que yo había trabajado eran personas valientes y honradas que estaban a punto de llorar pensando en esta niña. Me sentí decepcionada y les pregunté a mis guías:

—¿Por qué? ¿Por qué me enviaron allá si no estaba destinada a encontrarla?

La respuesta a esa pregunta llegó a los tres meses. Cuando regresé a Phoenix, recordé que el sargento de la policía de Texas me había hablado de un sistema llamado Alerta Amber, que llevaba el nombre de Amber Hagerman, una niña secuestrada y asesinada en 1996. Es un sistema de alerta de secuestros de niños que se utiliza para informar al público en cuanto la policía determina que ha ocurrido un secuestro. Las estaciones locales de radio y televisión interrumpen sus programaciones para dar una descripción del sospechoso, el vehículo y el niño, lo que les brinda a los conductores y residentes la oportunidad de salvar a un menor si le informan a la policía dónde se encuentra el pequeño.

Decidí escribirles a los políticos locales para ver si podía iniciarse el establecimiento de un sistema de alerta Amber en Phoenix. Me puse en contacto con organizaciones locales de personas desaparecidas y les pedí ayuda, pero fue inútil. Así que yo misma hice el trabajo. De las muchas cartas que escribí, recibí respuesta de un político solamente, pero todo lo que yo necesitaba era sólo un político. Me pidieron que formara parte del grupo de trabajo que diseñaría la alerta, y me sentí muy honrada con eso.

Preferí permanecer en el anonimato hasta que el sistema de alerta se diera a conocer públicamente y se usara, ya que no quería perjudicar su credibilidad en manera alguna. (Eso me entristeció, pero estaba siendo realista.) Pasó un año, pero el sistema de alerta aún no había sido presentado al público. Estaba comenzando a impacientarme. En marzo, a los tres años exactos del día en que la niñita de Texas había sido raptada, el sistema de alerta fue inaugurado espontáneamente en el Condado de Maricopa. La niña de Texas no sólo fue la razón de que yo me enterara acerca de la alerta, sino también, creo, la razón por la que recibí tanta ayuda para promoverlo.

Toda una serie de eventos ocurrieron para poder hacer realidad el sistema de alerta en mi pueblo. Ahora los niños de Arizona tendrán la oportunidad de sobrevivir como no pudo hacerlo la niñita de Texas. No creo que sea una coincidencia que el sistema de alerta fue inaugurado en Phoenix en el aniversario de su secuestro. Es cierto que todo sucede por una razón.

Dos meses después de haber sido inaugurado, el sistema de alerta encontró a una niñita que había sido raptada por su propio padre, quien no tenía custodia legal de ella. El había hecho unas dudosas declaraciones que podían ser interpretadas como amenazas físicas. Un camionero vio la chapa de la licencia del padre y la niña fue recuperada tres horas después.

Una estación de noticias local me preguntó si era un error activar la alerta por un secuestro paterno. Mi respuesta fue que el secuestro paterno no debe ser una excepción si un niño puede estar en peligro. Eso es algo que la policía tiene que decidir según sea el caso, y creo que tomaron la decisión adecuada. La niña secuestrada estaba sana y salva en su casa junto a su mamá esa semana, durante la cena del Día de Acción de Gracias.

El sistema de alerta del Condado de Maricopa se activó sólo dos meses después para salvar a un bebé que estaba en el asiento trasero de un auto robado. Innumerables niños han sido salvados gracias a este ingenioso sistema.

En enero de 2004 fueron recobrados los restos de la niñita de Texas, quien finalmente fue llevada de vuelta a su familia. Pude confirmar la información correcta que le había dado a la policía, y aprender de las pistas físicas que había malinterpretado.

Por ejemplo, yo veía pequeños aeroplanos (no comerciales), y luego me enojé conmigo misma por no haber sido más vigilante: debía haber reducido las posibles ubicaciones de los restos mortales a áreas cercanas a aeropuertos, bases de la Fuerza Aérea y sitios por el estilo. El cuerpo fue encontrado a una milla de una base aérea militar. Dije una y otra vez que la niña estaba cerca de terrenos gubernamentales, parques grandes y cercas de púas. Seguía viendo la palabra "pueblo", y resultó que Pueblo Trail estaba cerca del área donde hallaron sus restos. También veía "Timber" una y otra vez, y Timber Wolf Lane estaba cerca del área.

Este tipo de investigación no es una ciencia exacta, ni se puede comprobar toda la información. Pero muchas de las pistas que recibo pueden ser útiles si se aplican correctamente. Podría haber reducido la búsqueda a una milla cuadrada. Eso parece un área enorme, pero cuando la policía está buscando a un niño pequeño en el estado de Texas, reducir la búsqueda a una milla es excelente. A veces no es parte del plan superior que los perfiladores lleguen a encontrar jamás los restos de la víctima. A veces se supone que las vidas de otras personas se vean afectadas por el descubrimiento de un cuerpo; por ejemplo, un excursionista que está destinado a tropezarse con los restos de alguien.

Recuerda, la vida real es la única forma en que quienes llegamos a las mentes de los demás podemos aprender y lograr resultados. En los cuatro años transcurridos desde que trabajé en este caso, he refinado notablemente mis habilidades, pero nunca olvidaré a esa niñita de Texas que, con sus susurros, cambió mi vida para siempre.

❧ *Elizabeth Smart*

Todas las personas con que me encontré en 2002 querían saber qué creía yo acerca del rapto de Elizabeth Smart. Como la resolución de su caso no sólo fue feliz sino también milagrosa, contaré algunos detalles pertinentes. Antes de su regreso, yo había compartido esta información con un renombrado equipo de búsqueda y rescate que se estableció en Utah.

En junio de 2002, Elizabeth Smart fue raptada de su hogar. Su conmovedora historia se presentó en los principales programas de noticias de los Estados Unidos. Todo el país vio cómo la familia Smart buscaba desesperadamente a su hija. Todos fuimos testigos de la peor pesadilla de cualquier padre.

Yo, como todos, vi la foto de Elizabeth por televisión y deseaba poder ayudar. Pero no tengo la costumbre de proporcionar información acerca de un caso, a menos que me lo pidan. Poco después del secuestro, mi amiga Catherine me pidió que ofreciera un perfil del perpetrador para enviarlo al equipo de búsqueda y rescate en Utah. Toda la información que brindé está archivada y puede verificarse.

En mi perfil afirmé que el secuestrador estaba conectado al nombre de Brian. Dije que había trabajado para los Smart como encargado de mantener las áreas verdes y de otros trabajos menores de mantenimiento. Vivía de paso en distintos sitios, pero lograba funcionar en la sociedad. A menudo cambiaba su apariencia, y yo sentía que tenía una conexión fuerte con California, así que podría haber huido allá, o podría haber venido de allá. Tenía tendencias pedofílicas, y posiblemente las había llevado a cabo en el pasado. También describí un pueblito cerca de la ciudad de donde Elizabeth fue raptada, como el sitio donde él podría vivir o pasar mucho tiempo. De alguna manera, ese sitio era importante para él. Yo también sabía que él se había llevado a Elizabeth a un área boscosa, un lugar donde había pinos.

Las autoridades después descubrieron que el hombre arrestado por el secuestro de Elizabeth Smart era Brian David Mitchell. Había trabajado brevemente para los Smart como encargado de mantener las áreas verdes y de otros trabajos menores de mantenimiento. Vivía vagando de un pueblo a otro y hacía diez años había sido un hombre de familia. Cuando secuestró a Elizabeth, la mantuvo en un área de campismo en un bosque; luego se la llevó a San Diego, California. Su ex esposa decía que Brian era un pedófilo.

Desafortunadamente, mi información no fue considerada cuando la ofrecí. Sólo se descubrió que era acertada después de que Elizabeth fue reconocida en la calle por un desconocido que alertó a las autoridades.

Estos detalles podrían haber ayudado mucho si se hubieran utilizado. Si mi información no podía ayudar a identificar al malhechor y, con eso, ayudar a llegar hasta la víctima, no me hubiera tomado el trabajo de crear el perfil. El nombre del perpetrador y su asociación con la víctima eran clave, pero la información sólo es útil si se usa. Espero que algún día el sistema reconozca a personas como yo, que somos genuinas, para que nuestras percepciones puedan ser compartidas con las autoridades adecuadas tan pronto como ocurra un secuestro. De otro modo, ¿de qué sirve este don?

Repito, la nuestra no es una ciencia perfecta. Los perfiladores siguen siendo seres humanos que se equivocan como todo el mundo, pero no hay duda de que crear un perfil mental puede ayudar a las víctimas. Es una habilidad que debe ser reconocida, ya que es tan grande la importancia de lo que está en juego: la vida humana.

❦ *Perdidos en el desierto*

Un día recibí una llamada de mi mentora, Catherine, quien también es médium. Ella y yo hemos celebrado a dúo muchas sesiones de grupo. Una de las señoras de una sesión de grupo tenía una hermana cuyos amigos habían desaparecido. Durante un par de días yo había estado observando en las noticias cómo la situación —que estaba recibiendo mucha cobertura local— se desarrollaba.

Todo el mundo suponía que a las tres personas perdidas se las podían haber llevado en su propio vehículo para después, posiblemente, matarlas. Steve Cerqua, su esposa Kathy y la madre de Kathy habían desaparecido. Había evidencias de extracciones de dinero en cajeros automáticos y una prueba de que la familia había estado comprando en un centro comercial local, pero desde entonces no se había sabido nada de ellos. Yo acepté la petición de Catherine para que los ayudara, y recibí una llamada telefónica de algunos de los parientes de las personas perdidas al segundo día de su desaparición.

Comencé por preguntarles quién manejaba el Toyota Camry. Yo sabía que los Cerqua y Sally Rosenwinkel no estaban conduciendo un Toyota Camry cuando desaparecieron, porque había visto una descripción de su vehículo en las noticias, pero necesitaba confirmar que había hecho la conexión correcta. Me dijeron que la hija de los Cerqua conducía un Camry y que a menudo lo estacionaba en el estacionamiento frente a la casa.

¡Qué bien! Tenía a la persona correcta. Me estaba conectando con Steve Cerqua. Le dije a la familia que los tres estaban vivos y que no se preocuparan. Añadí que encontrarían al trío perdido cinco días después de su desaparición, y que regresarían sanos.

La familia quería saber por qué Steve no había usado su teléfono celular para llamarlos.

—No podía usarlo donde estaban. No funcionaba —les dije.

Ellos querían saber lo obvio: ¿por qué estaban desaparecidos sus parientes?

Les dije que el vehículo que la pareja conducía estaba atascado en el fango o en algo espeso. Además, Steve se había sentido bastante confiado de su habilidad como conductor, y que el problema tenía que ver con que él había cometido un error de conducción.

La hija quería saber si su papá dejaría a su madre y a su abuela para ir en busca de ayuda, y le dije que sí. Los amigos y la familia de las personas desaparecidas tenían sentimientos encontrados al respecto. Les resultaba difícil creer que él pudiera dejar atrás a su esposa. Les dije que no le quedaba otro remedio; lo hacía para salvarlas. Luego les di la ubicación general del trío perdido, diciéndoles que se encontraban más lejos de lo que la gente pensaba, y les describí un lago y un área cercana para meriendas campestres.

La hija de la pareja desaparecida pudo mantener alguna esperanza de que sus padres, realmente, estaban vivos. Catherine insistió en que yo llamara al detective asignado al caso y le diera mi información, lo cual hice. Por desgracia, el policía no pensó que mi información era válida y no quisieron que los ayudara.

Las tres personas deshidratadas fueron rescatadas cuatro días después de su desaparición. Steve había estado tratando de tomar un atajo y su 4X2 quedó atascado en el fango. No podía usar su teléfono celular debido a la presencia de montañas. Finalmente, el cuarto día, dejó a Kathy y a su suegra para intentar subir una montaña cercana, desde cuya cima tenía la esperanza de lograr recepción telefónica. Se fue durante horas, pero tuvo éxito y logró llamar y pedir ayuda. El helicóptero de un noticiero local llegó para brindarles asistencia.

Steve y Kathy celebraron sus veinticinco años de casados al final de esa semana, en Hawai. Cuando regresaron, dieron una fiesta para todas aquellas personas que los ayudaron durante su desaparición. Yo no pude ir, pero Catherine asistió y me contó que fue una noche maravillosa. La familia hizo un álbum con todos los recortes de prensa sobre su desaparición, incluida una página designada para los psíquicos que trabajaron en su caso. ¡No podía haber sido mejor!

La historia de los Cerqua siempre me recordará que las personas "desaparecidas" pueden estar vivas y sanas. ¡Estos casos me encantan! Aunque mi información no los salvó en realidad, les dio un gran consuelo a sus seres queridos durante su ausencia. Cuento esta historia cada vez que necesito recordar un final feliz.

❀ Contacto mental

Hacer perfiles no es sólo tratar con misterios y criminales. A veces involucra indagar en las mentes de personas que no están pasando por situaciones de vida o muerte. Una vez le fui útil a una cliente para ayudarla a encontrar una herencia de millones de dólares. Hice esto a través de una lectura telefónica, sin haber recibido ninguna información: convoqué al fallecido padre de la cliente, quien dijo que su hija iba a heredar dinero, y me dijo dónde estaba. Le informé en qué país podría encontrar el dinero y le dije con quién debía ponerse en contacto para obtener una prueba de su existencia. Ella localizó el dinero y la persona que tenía la prueba.

También recibo muchas llamadas de personas que están tratando de obtener información acerca de seres queridos que están metidos en problemas. No hay nada como llegar a la mente de una persona y luego tener que decirle a mi cliente que veo a su mujer en el estacionamiento de un bar encontrándose con otro hombre. Casi siempre me entero de qué pasó después. Infaliblemente, mi cliente me llama de vuelta para confirmar mi información, y entonces añade que ésta no es la primera vez que su esposa lo ha engañado.

A veces un esposo piensa que su mujer ha sido secuestrada, cuando, en realidad, ella lo ha abandonado. Es un poco perturbador recibir una llamada angustiada acerca de que la esposa de alguien ha desaparecido, y descubrir que ella no es una victima en absoluto. A veces resulta que el marido sabía que existía la posibilidad de que ella estuviera de juerga con otro hombre. Prefiero que no me involucren en estas situaciones.

Si me pongo en contacto con la mente de una persona cuando está ebrio o ebria, o bajo el efecto de drogas, yo misma puedo sentir los efectos letárgicos. Contactar la mente de alguien es interesante, porque me permite, realmente, penetrar en los pensamientos de una persona. Sin embargo, por lo general no tengo acceso a los niños que han sido brutalmente traumatizados. Tengo que obtener mi información de la mente del perpetrador, no de la del niño. Casi siempre el niño estaba demasiado confundido como para saber lo que en verdad estaba sucediendo, por lo que resulta más difícil de leer.

También me usan para la selección de jurados en casos de violación u homicidio, para poder obtener la sentencia que busca la fiscalía. Sólo trabajo con los equipos de la fiscalía con los que estoy familiarizada. Además, sólo trabajo en casos donde no hay duda de que el acusado cometió el delito. Quiero que la información que recibo sea apoyada por evidencia de ADN. No tomo a la ligera mi labor.

Me han preguntado si eso no es una especie de manipulación para derrotar a la defensa. En primer lugar, espero que lo sea. Segundo, sólo selecciono de un grupo de jurados potenciales ya escogidos por nuestro sistema de justicia. Y finalmente, tengo que decir que los abogados de la defensa de todos modos van a tratar de desacreditar a personas como yo. Si no puedo hacer lo que digo que puedo hacer, si ellos tienen razón en decir que mi información no es confiable, entonces no tienen nada de qué preocuparse. Además, la fiscalía, a fin de cuentas, toma sus propias decisiones.

❦ *No hay otro camino por donde ir*

Un caso que asumí de una manera más personal que la mayoría fue la muerte de una persona que iba a testificar en el juzgado al día siguiente. Era una madre, y sus hijos estaban en la casa cuando fue asesinada a sangre fría.

Como madre, le di a este caso todo; me consumió. El acusado no mostraba remordimiento. Lo que la mayoría de la gente no veía era que la víctima estuvo allí, en la sala del tribunal, todos los días del juicio. El día del cierre de argumentos, entré a la sala del tribunal mientras buscaba el lápiz labial en mi enorme bolso. En ese mismo momento, escuché una suave voz femenina que decía:

—¡Ese es mi hijo!

Eché un vistazo a mi derecha y la mujer asesinada estaba sentada junto a mí, sonriendo. Levanté la cabeza y vi la nuca de un hombre joven. Entonces el fiscal caminó junto a un joven al que presentó como Neil, el hijo de la víctima.

Le estreché la mano. Esta fue otra de las víctimas del asesino, quien se convertiría en un hombre fuerte e importante a pesar del malhechor que mató a su madre. En mis pensamientos, escuché decir:

—Estás aquí para apoyarlo. ¡Lucha por él!

Ese día llevé a Neil a su casa en mi auto. Abrió su billetera y me mostró la foto de su madre, una de las muchas fotos familiares en su billetera. Eso lo dijo todo.

Le di mi número de teléfono y le dije que me llamara si alguna vez necesitaba algo, lo que fuera. Me dio las gracias y nos despedimos. Nunca supo cuál era exactamente mi trabajo. No fue necesario. Todo lo que necesitaba saber era que yo era una consultora de jurado a quien le interesaba el caso de su mamá.

Mientras tanto, a la principal abogada de la fiscalía le estaba preocupando cada vez más que los jurados tuvieran que ser despedidos y reemplazados a último minuto. Ese sábado asistí a una fiesta en la casa de esa fiscal. Estaba exhausta, pendiente de cuándo era que el jurado iba a regresar con la sentencia y cuál sería esa sentencia. "Caramba, no están pidiendo mucho, ¿verdad?", pensé sarcásticamente. Le respondí a la fiscal:

—El martes a las tres el jurado decidirá a favor de la fiscalía por la pena de muerte.

Ella sonrió y me dijo que se sentía un poco mejor, pero que todavía sentía un enorme nudo en el estómago. Después de todo, muchas cosas dependían de su habilidad como fiscal.

El caso había comenzado a afectar mi salud, y ese fin de semana me dio catarro. Me consolé tomando medicamentos. Llegó la mañana del martes y mis cansados ojos se abrieron para mirar al reloj. Eran las 9:30; el jurado acababa de comenzar sus deliberaciones. Me sentía enferma, pero no se debía al catarro. Sentía sobre mis hombros el peso de la fiscalía, así como el de la víctima y sus hijos. Quería ofrecerles un poco de justicia para hacerles saber a esos chicos que su madre era digna de atención.

También quería asegurarme de que este asesino nunca sería puesto en libertad para que pudiera matar otra vez, y había bastante evidencia de que lo haría. Toda la mañana sentí como si me estuvieran exprimiendo la cabeza. Finalmente, llegaron las tres de la tarde. Tomé el teléfono para llamar a la fiscal, con la esperanza de que ya le hubiese llegado el veredicto.

Ella respondió al instante.

—¡Acaban de llamarnos! ¡El jurado ya regresó con la sentencia! Tengo que irme; te llamo cuando todo haya terminado. Y, Allison, para que lo sepas: el jurado volvió a las 2:57 p.m.

Colgamos, mientras yo miraba al reloj marcar los segundos. Conduje hasta el centro comercial para hacer un mandado, con el corazón latiendo fuertemente y un nudo en la garganta que no se me quitaba

Media hora después, sonó el teléfono. De un salto contesté el teléfono.

—Hola.

—Allison, qué buena eres.

—¿Obtuvimos la pena de muerte?

—Sí.

Había algo que yo necesitaba saber.

—¿Qué hizo el acusado cuando leyeron el veredicto?

—Se rió.

Un final feliz, pero quiero enfatizar que no fui yo la única que logró estos resultados. Hizo falta un gran trabajo de la policía y un equipo legal adecuado y talentoso para conseguir que esto sucediera. También requirió la valentía de unos chicos que siempre estarán junto a su madre.

Después de cada caso, me digo, "Esta es mi vida". Algunas personas dicen que ellas jamás habrían podido hacer mi trabajo, incluso si hubieran tenido la habilidad para hacerlo. Los entiendo. Es una tarea muy difícil, pero por alguna razón, yo no puedo hacer otra cosa.

CAPÍTULO 5

Médiums del kindergarten

Ariel, mi hija de seis años, un día llegó a casa de la escuela enojada porque sus compañeros no veían a un hombre que se paraba en el pasillo de la escuela frente a su aula. Ella lo describió a sus compañeros de clase y se rieron de ella. Cuando se volvió hacia él de nuevo, el hombre ya se había ido.

Luego, descubrí que la amiga de Ariel, Erin, se había acercado a ella y le había susurrado al oído:

—Yo también lo veo, Ariel.

Estoy tan contenta de que Ariel tenga una amiga de su edad con el mismo don, y así no tenga que sentirse tan alejada de los demás. Ariel y Erin hablan entre ellas sobre sus habilidades y acerca de lo que yo hago. Saben que no todo el mundo puede ver lo que ellas ven, y eso no las hace sentir mal. Les gusta tener "poderes especiales".

Quiero compartir algunos ejercicios que uso con mis hijas para ayudarlas a usar sus dones a medida que crecen. He notado que cuando los pequeños psíquicos se dan cuenta de que sus compañeros piensan que ellos son raros o diferentes, tienden a ignorar o a bloquear sus habilidades de comunicación con el más allá. Lo que menos desean los niños de edad escolar es sobresalir y ser objeto de las burlas de los demás.

Cuando mis hijas crezcan, ellas pueden decidir por sí mismas si quieren mantener sus relaciones con el más allá. Hasta entonces, trataré de mantenerlas receptivas a las posibilidades que las rodean.

Cuando yo me cerraba a mis dones cuando era niña, se debía a que estaba confundida acerca de lo que estaba viendo y oyendo, y también a la ambivalencia de mi mamá, lo que me hacía temer que ella pudiera sentirse desilusionada respecto a mí. Espero que este capítulo pueda ayudar a los padres a descubrir si un niño tiene un don mediúmnico, así como sugerir qué hacer cuando estén seguros de que el niño posee ese don.

Digamos que tu hijo se te acerca y te dice:

—Mami, veo a una mujer allí.

Tú miras hacia allá, pero no ves nada. ¿Qué debes hacer? Debes volverte hacia tu niño o niña y decirle:

—¿De verdad? ¿Cómo luce? ¿Cómo se llama? ¿Quiere decirnos algo?

Muchos niños tienen amiguitos imaginarios y les encanta inventar cuentos. Si ese es el caso de tu hijo, no hay nada de malo en que escuches su cuento y le sigas la corriente. Y si sucede algo de más importancia, estás haciendo lo mejor para asegurarle al niño que todo está bien.

Puede que descubras que un amigo o un pariente que está en el más allá está rondando a tu hijo y tratando de comunicarse contigo a través de él o ella. Este es un excelente ejercicio para lograr que tu hijo no sienta temor ni desconfianza al contarte los detalles de sus encuentros espirituales. Esto también estimula a tu hijo a que haga preguntas y explore la posibilidad de comunicarse con algo que los demás no pueden ver. Podrás despojar a ese fenómeno de la atmósfera de rareza que lo rodea, lo cual es importante. Las primeras personas a las que un niño recurre en busca de consuelo, aprobación y enseñanza son sus padres. Tú eres quien sienta la pauta para el desarrollo de los dones que tiene tu hijo.

A los espíritus les es más fácil acercarse a lo niños que a los adultos. Los adultos tienen problemas y barreras emocionales que dificultan el acercamiento de un espíritu. A menudo un espíritu ha susurrado mensajes o ha tratado de que un ser querido lo vea, pero no le prestan atención.

Saber que hay presencias que cuidan a mis hijos me da una sensación de seguridad. Algunas personas podrían decir, "Yo no tenía tanta familiaridad con tía

Emma, entonces ¿por qué está junto a mí?" La persona en el más allá podría haber muerto alrededor del momento en que tú naciste, o tal vez se sienta conectada con uno de tus padres y ahora ha decidido estar contigo. Eso es todo lo que importa. Como seres humanos, tenemos que damos cuenta de que a veces algo que es más poderoso que nosotros mismos es quien decide las cosas. Siéntete querido y conectado, y trata de no abrumarte con las dudas, ya que, al cabo del tiempo, todos vamos a recibir las respuestas a nuestras preguntas.

🐚 1-2-3 probando

Como un ejercicio para mi hija mayor, la reto a que busque objetos perdidos por toda la casa.

A mi esposo, Joe, se le había perdido su rasuradora eléctrica y llevaba unos días usando una maquinilla desechable. Digamos que me preocupaba convertirme en viuda. Estaba segura de que Joe se iba a desangrar después de usar una maquinilla convencional. Yo había llegado a la conclusión de que Marie, nuestra hijita de un año, se había puesto a jugar con la rasuradora eléctrica y la había dejado abandonada en algún sitio.

Estaba en cama con el flu, así que llamé a Ariel y le dije que tenía que preguntarle algo. Admito que, al principio, me porté como una madre típica, y durante dos días traté de sobornarla ofreciéndole una recom-

pensa monetaria si me decía dónde estaba la rasuradora eléctrica. Los que conocen a Ariel saben que para
ella no hay nada mejor que ir de compras; ella tiene una
apreciación muy clara del dinero. Sin embargo, fue inútil; me decía que no sabía dónde estaba la maquinilla
eléctrica.

Al cabo de unos días, tomé un enfoque diferente. Una
mañana, cuando Ariel estaba junto a mi cama, le dije:

—Cierra los ojos, inspira profundamente y suelta el
aire de manera que yo pueda oírlo. ¿Está tu mente como
un lienzo en blanco? ¿Estás relajada? Bien, ¿dónde está
la rasuradora eléctrica de papá? ¿Qué es lo primero que
te viene a la mente?

—Está en la gaveta, creo, en el cuarto de Marie.

Fui a la habitación de Marie y busqué en su armario;
no estaba allí, pero como Ariel veía la rasuradora en una
gaveta, me separé tres pasos del armario en dirección a
la puerta del cuarto de Marie, y me acerqué a la primera
gaveta en el pasillo. ¡Bingo! La rasuradora eléctrica de
Joe. Le dije a Ariel que, aunque no estaba precisamente
en la habitación de Marie, se encontraba muy cerca y
que había hecho un buen trabajo, sobre todo si se tiene
en cuenta el tamaño de nuestra casa de dos plantas.

Aproximarse sin ser exactos es una experiencia
común. A veces un psíquico o médium "da" con algo,
aunque no "da directamente". Teniendo en cuenta la
edad de Ariel y su falta de experiencia, su información
fue impresionante, y se lo hice saber. Apoyando a Ariel

de manera positiva, le he despertado su interés en los juegos psíquicos, lo cual es esencial para evitar que un niño rechace su don.

Estimula a tus hijos a que confíen en sus primeros instintos y en la información original que reciben. Ellos no deben alterar la información mezclándola con nociones preconcebidas. Este es un excelente ejercicio; Ariel lo vio como un juego desafiante y lo disfrutó. Al mismo tiempo, ha fortalecido su capacidad psíquica, y la habilidad de localizar objetos es una de las herramientas psíquicas más útiles. Ariel está aprendiendo a confiar en lo que recibe y a sentirse lo bastante cómoda con su don como para compartirlo conmigo.

Le digo a mi hija que no hable a los cuatro vientos de su don, porque no todas las personas entienden lo que no pueden ver. También le digo que aprecie y honre su talento, ya que es algo especial. Estimula a tus hijos pequeños, pero no los obligues. Si ellos no se sienten a gusto al hacer estos ejercicios, no sigas.

Si tu niño se acerca a ti, muéstrate receptivo para hablar libremente de cualquier cosa. Este tema sólo debe tratarse si tu hijo parece estar confundido con un asunto semejante, o si viene a ti con premoniciones o preguntas acerca del más allá. No debemos confundir a los niños que realmente no tienen habilidades psíquicas.

Si ves en tu hijo señales tan evidentes que no puedes ignorarlas, trata de contarle una historia acerca de un miembro de la familia que tiene ese don (creo que el sexto sentido es casi siempre genético). Háblale a tu hijo acerca de los ángeles o de abuelito, que está en el cielo. El niño se abrirá más a gusto si tú también te acercas y te abres a él o ella.

No abrumes a tu hijo con una discusión de dos horas, sobre todo si eres sólo tú quien habla. Presenta levemente el tema, mira a ver si tu hijo te responde, y avanza despacio. Si tu hijo no muestra interés, abandona el asunto. En el momento en que él o ella quiera hablar, si es que desea hacerlo, la discusión puede continuar.

Si el don de tu hijo lo está asustando, es importante tratar ese problema delicadamente. Yo les digo a mis guías que vigilen la energía que rodea a mis hijas y que eliminen cualquier energía negativa o dañina. Hazle saber a tu hijo que él o ella tiene el poder de decirle a la energía que se vaya, si no es bienvenida. Esta técnica resulta efectiva para cualquier persona, niño o adulto. Es importante que los niños sepan que los espíritus no pueden hacerles daño.

Mi hija mayor a veces se acerca a mí y me dice que se siente como rodeada de mucha gente. Con esto me doy cuenta de que ella quiere decir que está sintiendo una fuerte actividad de los espíritus y que está sintiendo a gente a la que a veces no puede ver. Por suerte, lo que Ariel no puede ver yo sí puedo verlo, porque tengo más experiencia y sé cómo obtener una imagen visual del espíritu cada vez que quiero.

Le digo que le haga algunas preguntas básicas a esa presencia, como: "¿Quién eres?" y "¿Qué quieres?". Si continúa sintiéndose incómoda luego de haber recibido una respuesta, le digo al espíritu que la está asustando y que debe irse. También le digo a mi hija que si se siente atemorizada debe imaginarse que está envuelta en un manto de luz blanca, bello y poderoso. A ella le encanta la ropa, así que he incorporado su personalidad en este ejercicio que la hace sentir bien y le es conocido. Le digo que ese manto de luz la protegerá de las cosas que la asustan.

Ariel habla de sus guías como de sus "ángeles" (es la palabra con la que se siente a gusto). Ellos la cuidan y hacen que se sienta segura, lo cual, a su vez, me hace feliz a mí. La seguridad de un niño y el hecho de que se sienta a gusto y seguro son siempre una prioridad.

Otra razón por la que mi hija podría sentirse incómoda sería porque está absorbiendo demasiada energía al mismo tiempo. Con esto quiero decir que las personas sensibles (aquellas que se compenetran profundamente con los demás o que sienten la energía de quienes las rodean) a veces se sienten bombardeadas por demasiadas energías a la vez. Este tipo de cosa puede sucederle a cualquiera. La mayoría de las personas han tenido la experiencia de estar parados al lado de alguien y, sin razón aparente, sentir repugnancia, no por el aspecto de la otra persona, sino por un sentimiento que les llega de él o ella.

De igual manera, la gente se siente atraída por otros que parecen tener una energía accesible o una energía similar a la de ellos. Las personas tienen sus propias energías individuales y, como las personalidades, estas energías varían. Lo que a una persona le parece atractivo, a otra persona podría resultarle repelente. Mientras más personas se acerquen alrededor tuyo, más variaciones de energía recibes.

Si eres sensible por naturaleza, sentirás todo en la vida con más intensidad. Imagínate a una persona arrogante y centrada en sí misma que se te para enfrente. Entonces añade a otra persona fastidiosa, de sonrisa tonta y maliciosa; luego, añade a alguien que habla mucho y alto. ¿Ya estás sintiéndote mal? Así es como puede sentirse un médium al hacer contacto con las energías de otras personas.

Si tus sentidos están muy refinados, otros seres humanos no tienen que estar justo frente a ti para que tú sientas que lo están. Por ello, debes establecerte límites y tratar de mantenerte en una atmósfera en la que te sientas a gusto. A algunas personas no les importa que les invadan su espacio personal. Considero que, por lo general, estas son las mismas personas que tienden a invadir el espacio de otros.

Personalmente, trato de evitar las situaciones donde hay mucha gente, como los conciertos o los días de compra muy concurridos. Demasiada sobrecarga sensorial. Me gustan los sitios más pequeños y tranquilos. Mi esposo es ingeniero aeronáutico. Las reuniones del trabajo de Joe me parecen bastante agradables, porque la ingeniería generalmente atrae a gente bastante calmada. Yo puedo lidiar con esto. Por otra parte, un juego de fútbol escolar es demasiado para mí. No me malentiendan, me encantan los jóvenes, pero soy demasiado sensible para un estadio desbordante de energía juvenil repleta de electricidad y hormonas.

En una ocasión en que Ariel se sobrecargó en un parque de diversiones, encontré una esquina tranquila y me senté con ella para calmarla. Hablamos acerca de cómo se sentía y compartimos un tiempo valioso como madre e hija. Entendí realmente cómo se sentía. Como ya habíamos estado en el parque de diversiones durante un buen rato, sugerí regresar al hotel para relajarnos.

Ariel insistió en que antes de irnos visitáramos una casa centenaria situada en el parque. Parecía emocionada al respecto, así que la complací. Ella fue por un lado de la casa y yo por el otro. Ariel regresó por una esquina, sonriendo.

—¡Mamá! ¡Ven a este lado de la casa! ¡Aquí hay más actividad!

A Ariel y a mí nos encantan las casas viejas. Disfrutamos ver los espíritus que habitan los edificios y observarlos en la época en que vivieron. Para mi familia, esta es la vida normal; nunca nos aburrimos. Me siento orgullosa y honrada de compartir mis dones con mis hijas y ayudarlas en sus viajes espirituales.

Si estás tratando de determinar si tu hijo es médium o si ha tenido contacto con el más allá, apunta algunas de las señales que busqué en mis propias hijas. Sé por experiencia propia qué palabras tengo más probabilidades de oír por parte de alguien que tiene este don, así como qué preguntas esperar de médiums inexpertos o jóvenes. Después de todo, yo pasé por eso.

Los criterios que uso para determinar las habilidades de un niño son los siguientes:

1. ¿Alguna vez dice tu hijo que una habitación se siente llena, aun cuando no está llena físicamente, o tu hijo parece que se aturde fácilmente en ciertos ambientes?

Los niños sensibles pueden sentir la presencia de energía a su alrededor, pero quizás no sean capaces de "ver" nada. A veces el médium no ve nada, lo cual puede confundirlo si está oyendo, sintiendo o hasta oliendo señales del más allá. Esto es especialmente común entre los médiums jóvenes cuyas habilidades aún no se han desarrollado.

2. ¿Evita tu hijo estar rodeado de muchas personas porque esa experiencia le resulta abrumadora?

Igual que los adultos, los niños sensibles absorben energía de las personas que los rodean, y demasiada energía puede abrumarlos.

3. ¿Te dice tu hijo que ve apariciones? ¿Te habla de que "ve cosas"?

Si tu hijo es capaz de darte detalles personales acerca

de un miembro de la familia o un amigo cercano tuyo que falleció antes de que tu hijo naciera, esa es una señal convincente de que ve el más allá. Por supuesto, cuestiónate si esta información es algo de lo que tú has hablado estando cerca de tu hijo y que él o ella puede haber escuchado por casualidad y repetido después. Debes estar seguro de que tu hijo te está dando información que no puede haber sabido de ninguna otra manera.

Por ejemplo, cuando Ariel tenía dos años y medio se despertó en medio de la noche llamándonos a Joe y a mi. Fuimos hacia ella y le preguntamos qué pasaba.

—Un hombre estaba aquí y dijo que era un "jinio" —dijo Ariel. Joe se puso alerta.

—¿Dijiste "genio"?

Le pregunté quién creía él que había visitado a Ariel. Joe me respondió que su padre siempre se había referido a sí mismo como un genio. Como el padre de Joe había fallecido tres meses antes de conocernos, yo sabía muy poco de él. Era un intelectual, con un título de ingeniería química del Instituto de Tecnología de Massachussets,* pero sus características personales me eran desconocidas. Ariel no podía haber sabido que su abuelo se llamaba a sí mismo de esa manera. Joe se sintió emocionado y divertido por el mensaje.

* Instituto de Tecnologia de Massachussets (*Massachussetts Institute of Technology*), un prestigioso centro de estudios científicos superiores de Boston. (N. del T.)

La singular naturaleza del mensaje me dijo que Ariel había tenido contacto con su abuelo, así que le hablamos acerca de lo que había sucedido. No descartes los encuentros de tus hijos. Las personas jóvenes no tienen inhibiciones; ellos no tienen "muros", y por eso al más allá le resulta más fácil el acceso a ellos.

4. ¿Puede tu hijo describir en gran detalle lo que ve? Él o ella debe poder citar características físicas, objetos que pueden haber sido importantes para la persona, posiblemente hasta un nombre. La información debe parecerle clara al niño sin necesidad de que se ponga a pensar en eso durante mucho rato. Por ejemplo, mi hija de seis años me dijo que mi bisabuela tenía un baño que le gustaba mucho, con losas rosadas y rosas. Tuve que llamar a mi abuelita Jenee para preguntarle sobre esto, porque abuela Ruth había fallecido cuando yo tenía trece años. Ella me confirmó que mi hija había descrito acertadamente el baño de la casa donde ellos habían vivido hacía más de cincuenta años.

Yo formé parte de la primera lectura espiritual que hizo mi hija menor. Mi papá había muerto hacía unos seis meses, y ella había acabado de cumplir cuatro años. Un día, saltó sobre mi cama con un dibujo que había hecho de dos personas.

—Marie, ¿de quién es ese dibujo que hiciste?

—¡Eres tú, Mami! ¡Y abuelito Mike! Están bailando juntos. Yo no estaba preparada para eso.

—Mi vida, abuelito murió.

—No, él no murió, Mami. Todavía está aquí; eso es lo que él me dice.

Me di cuenta de que —de forma muy parecida a cuando yo tenía ocho años y veía a mi bisabuelo Johnson—, ella pensaba que abuelito Mike estaba vivo. Por supuesto, en cierta forma lo está, pero los niños no saben la diferencia entre estar vivo en espíritu y estar vivo en la tierra.

Luego, sin que viniera a cuento, Marie empezó a decir:

—¡Cha cha cha, Mamá!

Eso me impactó.

—Marie, ¿por qué dices eso?

Comenzó a bailar por toda la habitación, repitiendo.

—¡Por abuelito Mike, por eso!

Naturalmente. Qué tonta fui. ¿Qué estaba pensando? Mi papá siempre decía eso. Me siento tan dichosa de tener tres pequeños que me hacen recordar a mi papá. Incluso si tus hijos no son médiums, puedes ver en sus rostros y en sus personalidades a aquellos que vinieron antes que ellos.

Otro ejemplo: la semana siguiente al primer aniversario de la muerte de papá, me sentía bastante triste. No quería imponerles mi dolor a mis hijas, pero hubo varios momentos de tranquilidad en los que tuve ensoñaciones con él. Pensé que había logrado no manifestar mi estado de ánimo. Estaba sentada a la mesa de la cocina cuando Bridgett, mi segunda hija, se me acercó sigilosamente por detrás. Se inclinó hacia mi oído para decime un secreto:

—Mamá, abuelito Mike dice que no le gusta que estés triste, y me dice que te diga que te quiere.

Bueno, casi me caigo de la sorpresa. Yo no había dicho ni una palabra acerca de mi papá. Esto significó tanto para mí. Pruebo un poco de mi propia medicina cada vez que una de mis hijas demuestra su habilidad para ver lo que no se puede ver.

5. ¿Describe tu hijo eventos que luego suceden? ¿Puede él o ella, sin tener las pistas tradicionales, sentir dónde está algo? La habilidad para predecir sucesos e identificar lugares es una fuerte señal de talento. Marie hace esto con frecuencia. Es una señal que no pasa inadvertida fácilmente, y es emocionante.

Ariel también lo hace. Una tarde, Joe y yo nos preparábamos para viajar a Tucson, que está a unas dos horas de viaje y es un sitio donde mis hijas nunca han estado. Nos íbamos a encontrar allí con unos amigos para cenar. Antes de salir, Ariel dijo:

—Mami, mira el dibujo que hice.

Con un marcador de color, sobre una pizarrita blanca que se puede borrar, había hecho un enorme dibujo de una flor de aspecto exótico, con pétalos largos y muy delgados. Decía que era la flor italiana. Joe y yo elogiamos su trabajo y luego salimos para nuestro viaje. Nos encontramos con nuestros amigos en la casa del anfitrión y después nos fuimos a cenar en un restaurante italiano. Entramos, y en la pared había un enorme cuadro con una flor exótica de pétalos largos muy delgados. Joe y yo nos miramos asombrados. La pintura era idéntica a la que había dibujado Ariel. El hecho de que la hubiera llamado "flor italiana" hizo el suceso aun más significativo. Incluso hasta el largo del tallo era el mismo. Era extraño, pero me gustó.

Usaré a mi hija de cuatro años, Bridgett, como ejemplo para los padres de niños psíquicos de muy corta edad. Esto no es una predicción, sino sólo un ejemplo de que puedes saber que algo está presente sin que tengas que usar tus ojos para verlo. Esto se relaciona con localizar objetos fisicamente.

Bridgett es muy buena para ver lo que está escondido. Durante un viaje, nuestra familia estaba en un restaurante, esperando en el mostrador lo que habíamos encargado para poder regresar a nuestra habitación del hotel y comer algo. La meseta del mostrador estaba alrededor de un pie por encima de la cabeza de Bridgett. Ella extendió el brazo recto hacia arriba y dijo:

—¡Mami, Mami, yo quiero un caramelo!

Antes de que yo pudiera preguntarle cómo sabía que había caramelos encima del mostrador, tres señoras amistosas, pero asombradas, que estaban paradas detrás de nosotros le hicieron a Bridgett esa misma pregunta. Sin responder, Bridgett miró a su alrededor, agarró una caja que estaba a un lado, la empujó hacia el frente del mostrador y se paró encima de ella. Escudriñó por encima del borde del mostrador y dijo:

—Bueno, allí hay una bandeja con caramelos. ¿La ven?

Yo había mirado detenidamente al frente del mostrador. Era sólido; no había nada a través de lo cual se pudiera mirar. Cuando nos marchábamos, le pregunté cómo había sabido que había caramelos encima del mostrador sin verlos con sus propios ojos. Bridgett dijo:

—No lo sé; son cosas que yo sé hacer.

Un mes antes del suceso de la bandeja de caramelos, mi mamá vino a casa para cuidar a las niñas mientras nosotros íbamos a la juguetería a comprar un regalo para un cumpleaños. Mientras Joe y yo estábamos en la juguetería, hice algo que nunca hago: compré un pirulí y lo puse encima del regalo. Cuando llegamos a la casa, Bridgett salió corriendo hacia el auto en el momento en que yo abría la puerta para salir.

—¡Mami, dame el pirulí!

—Yo no te compré un pirulí —le dije.

—Bueno, pues yo sé que tienes uno en el auto.

Tenía razón, pero ¿cómo lo supo? Mi esposo todavía estaba en el auto y nadie más lo sabía.

—¿Cómo supiste que tenía un pirulí en el auto?

Aquello a Bridgett no le hacía gracia; ella sólo quería su pirulí.

—No sé; lo supe.

Esta niña es un verdadero detector de caramelos, comida y bebidas; no puedes esconderle nada. Hay muchas otras situaciones que podría contarles, pero con esto ya tienen una idea.

❀ ¿Un problema de aprendizaje... o un don?

Como recibo tantos mensajes por correo electrónico respecto a niños con problemas de aprendizaje o ADD (trastorno de falta de atención)*, siento que debo tratar este tema. He visto casos en que los padres han malinterpretado los síntomas de su hijo y han llegado a conclusiones erróneas. Esta es un tema muy controversial, y a veces no hay respuestas fáciles.

Los niños con ADD se distraen y se estimulan en exceso fácilmente. Tienen dificultad para concentrarse en lo que están haciendo, y por ello a menudo sus notas escolares no son buenas. Sus cerebros están sobrecargados. Sin embargo, esto no significa que las imágenes de sus mentes están llegando del más allá. No existe una conexión real entre los poderes psíquicos y otros problemas comunes, tales como ADD o depresión. Sin embargo, en mi opinión, los niños con esos problemas tienen tantas posibilidades de poseer el don como otros niños. Es importante que los padres no descarten nada ni lleguen a conclusiones.

---

* ADD, del inglés *Attention Deficit Disorder* (N. del T.)

En un caso, un niño a menudo hablaba de suicidios, de manera que su familia pensaba que los muertos estaban hablando a través de él. Pero a juzgar por lo que decía la familia, yo no creía que el niño se manifestaba como un médium. Algo me hizo preguntar las profesiones de sus padres. Resultó que su madre era encargada de asignar casos en la estación de policía.

Cuando los padres trabajan en este tipo de labor, tienen que examinar con más atención lo que dice el niño. Si la información que da un niño es algo que él o ella podría haber oído casualmente en la casa, busca otra pruebas. Los niños que de verdad son médiums no está limitados a sentir solamente muertes horribles y aterradoras. También deben ser capaces de ponerse en contacto con amigos o familiares fallecidos que tienen energía positiva. Por supuesto, esto no excluye la posibilidad de un encuentro en circunstancias sombrías, pero no debe ser eso todo lo que un niño ve.

Puede que el niño esté confrontando algo que no es un fenómeno psíquico, sino un desequilibrio químico, depresión, ansiedad o, sencillamente, necesidad de atención. Yo recomiendo firmemente que un médico evalúe al niño para desechar cualesquiera de estas posibilidades. Tienen que tomarlo todo en consideración.

CAPITULO 6

Hormonas y psíquicos adolescentes

Mi mamá se divorció de mi padrastro cuando yo tenía doce años, y este hecho viró mi mundo al revés. Es común que una adolescente de doce años se sienta insegura; un divorcio en la familia sólo servirá para aumentar su sensación de inseguridad. Sin embargo, para un adolescente con poderes psíquicos esa edad puede ser aún más difícil que para otros.

Los adolescentes de por sí están a la merced de sus hormonas. Sus emociones están a flor de piel y todo es para ellos un drama. Si se le añade a esto una percepción elevada y la habilidad de literalmente escuchar lo que otros piensan de ti, te encuentras con una fórmula certera para la desdicha.

Para ser sincera, durante mi adolescencia bebía para mantenerme equilibrada. No sugiero con esto que el alcohol sea un escape; ciertamente, fue una mala opción. Me hubiera sido mucho más útil contar con unos padres comprensivos y haber podido comunicarme con otros psíquicos. No contaba con un punto de apoyo, algo que hubiera cambiado completamente mi juventud.

En mi caso, el alcohol servía para atenuar las voces del más allá. Nadie iba a encontrar extraño que me riera sola en mis conversaciones solitarias si tenía una cerveza en la mano. Por supuesto, no era un monólogo, porque yo nunca estaba verdaderamente sola.

Afortunadamente para mí, la noche en que mis guías llegaron con lo que parecía ser en aquel momento solamente una idea de decoración, yo estaba escuchando.

Tenía diecisiete años y vivía en casa de mi amiga Susie. Nos conocíamos desde que yo tenía dos años y ella cuatro; crecimos en la misma cuadra. Éramos íntimas amigas y compañeras de trastadas. Una vez, cuando éramos pequeñitas, nos pasamos medio día coloreando las aceras de nuestro vecindario para embellecerlo. Luego, cuando nuestras madres descubrieron nuestra galería urbana, nos tuvimos que pasar la otra mitad de ese día limpiando las aceras con agua y jabón. Susie y yo no lográbamos entender cómo era posible que nuestras madres no vieran la belleza de nuestra labor.

La mamá de Susie, Shari, siempre ha sido como una madre para mí. Ella sabía cómo había sido mi vida en mi casa. Me sentí reconfortada cuando me acogió en esa época tan confusa para mí, siendo aún tan joven.

Estaba yo en mi habitación preparándome para salir cuando escuché una voz que me decía que moviera mi cama, que se encontraba contra la pared que daba hacia el sur, bajo la ventana de mi habitación. Sin pensarlo mucho, la empujé y la puse contra la pared este. Que se sepa que no soy gran cosa arreglando los muebles. Normalmente, decido cómo me gusta como luce algo y luego lo dejo tranquilo. Me detuve un momento a pensar sobre lo que había acabado de hacer y rápidamente dejé de pensar en ello.

Horas más tarde, después de que moví la cama, me dediqué a pasar una noche típica de fin de semana. Mi amiga Barb y yo decidimos ir a una fiesta en una escuela secundaria. Regresamos por fin a mi casa más o menos a la 1:00 de la madrugada. Barb y yo estábamos cansadas después de nuestra salida, así que fuimos para la habitación y nos quedamos rendidas.

A media noche, un ruido estrepitoso me despertó con un sobresalto. Las luces delanteras de un vehículo me cegaban, había pedazos de bloques de cemento rotos, ¡y el parachoque de una camioneta había entrado en mi habitación! Había pedazos de bloques de cemento sobre mi cama y mi habitación estaba llena del polvo de los bloques hechos añicos. Sacudí a Barb para despertarla. Estaba tan profundamente dormida que el ruido no la había despertado.

Me tiré de la cama y vi que había una mujer al timón; tenía heridas en la cara y sangraba, mientras trataba de poner el vehículo en retroceso y dar marcha atrás. Luego, nos enteramos de que la mujer estaba completamente embriagada, lo cual no nos sorprendió. Había perdido el conocimiento y la camioneta había atravesado tres carrileras, había cruzado un divisor enorme y, luego, la cerca del patio. Penetró a gran velocidad en mi habitación, luego de traspasar una pared de cemento y la ventana de mi habitación.

Inicialmente, me enfurecí y quería que se hiciera justicia. Después de todo, ¡pudo haberme matado! Cuando me calmé, me di cuenta de cuán afortunada era de estar viva. No se me escapaba el hecho de que, de no haber movido la cama pocas horas antes del accidente, el impacto de la camioneta ciertamente nos hubiera matado a Barb y a mí. De hecho, el costado derecho de la camioneta de la mujer terminó a un pie de mi cabeza. No me hubiera salvado si la camioneta hubiese entrado en mi habitación por cualquier otro sitio.

Sabía que, de nuevo, un poder superior había intervenido para salvarme la vida. Ciertamente, me protegían. Una voz me había hablado claramente, al igual que aquella vez que pude escaparme de los que trataron de raptarme a los once años, y yo había escuchado.

Se me acercan muchas veces padres cuyos hijos adolescentes tienen visiones que los asustan u oyen en sus mentes información que saben que proviene de otros lados. Para los adolescentes que atraviesan por estas experiencias, tener unos padres comprensivos es esencial.

Primero, dale validez al adolescente. Admite que sí ve o escucha cosas. Esto ayudará a que tenga confianza en ti, algo muy importante para poder dialogar de una forma abierta y relajada. Luego, háblale de lo que él o ella ve y/o escucha, y discute el posible significado que ello pueda tener. Haciendo uso de algunas de mis sugerencias anteriores, trata de averiguar si tu hijo tiene un don. Después de todo, no quisieras confundir un don con un problema mental.

Recientemente, me informaron de una adolescente que tenía visiones, premoniciones sobre personas a las cuales agredían o mataban. Las visiones eran muy detalladas, y lo que veía en ellas sucedía después. Los detalles y el hecho de que después se cumplían, confirmaban su don. El hecho de que siempre ocurriera lo que ella veía en sus visiones, desafiaba todas las probabilidades. Esta es la muestra más evidente de que alguien tiene habilidades psíquicas.

Lo primero que necesita saber un jovencito es que no tiene sobre sí la responsabilidad de salvar el mundo. Tener una visión de que algo malo va a suceder no quiere decir que también se tiene la responsabilidad de cambiar el resultado. A veces, una situación desfavorable existe por una razón en particular, y no debe alterarse.

Esto no quiere decir que tú nunca puedas influir en

el resultado. Ustedes, los psíquicos jóvenes, por favor, recuerden que a veces nos dan la oportunidad de intervenir y prolongar la vida de alguien.

Digamos que tú tienes una visión de que tu papá va a sufrir un accidente automovilístico, y en esa visión él lleva puesta una camisa roja y tiene consigo sus palos de golf. Cuando te levantas a la mañana siguiente, tu papá está camino a la puerta y lleva puesta una camisa roja y sus palos de golf.

¡Deténlo! Explícale sobre tu "sueño" y pídele que espere un rato o, aun mejor, que cambie sus planes. Puede que te estén mandando del más allá un aviso de que intervengas.

Por otro lado, si tu visión es de un puente en el Tibet que van a volar, probablemente eso está fuera de tu alcance. Pídele a un poder superior que, por favor, le dé una mano a aquellos que están en el puente y necesiten una energía positiva. No interiorices la visión, ni dejes que te afecte físicamente.

Con frecuencia, las personas indicadas no escuchan a los psíquicos jóvenes. Puede que los padres de un psíquico traten de contactar a las autoridades si la visión es extraordinariamente detallada o significativa, y les expliquen que su hijo tuvo un "sueño" (un término más aceptable que la palabra "visión"). Pueden explicarle al oficial que su hijo vio un suceso y que lo haría sentirse mejor si las autoridades lo investigaran.

Muchos oficiales de policía son padres ellos mismos

y casi siempre se alegran de poder tranquilizar a un niño. Quién sabe, a lo mejor la visión de tu hijo puede ayudar a alguien o, si no, por lo menos habrá suministrado la información y así se sentirá mejor. Las visiones que no se comparten con otros se acumulan dentro del sistema y causan estrés. Anima siempre al muchacho a que se exprese.

Sea como sea, las autoridades ignoran con frecuencia aun a los más experimentados psíquicos forenses que tienen información detallada sobre ataques terroristas y asesinatos. A las autoridades se les hace difícil decidir quién es legítimo y quién les va a hacer perder su tiempo. Dile a tu hijo que no lo tome a pecho si ignoran su información. Nos sucede aun a los mejores. Esto no quiere decir que las autoridades siempre tratan de no aceptar a los psíquicos, pero sí pasa todavía con frecuencia.

Los adolescentes deben pedirles a sus guías que no les den más de lo que ellos puedan manejar. Nos entregan lo que podemos manejar, pero a veces un poquito de más. Si llegara a ser demasiado, debemos pedirles a nuestros guías que limiten la información que nos ofrecen para así quitarnos parte del peso que nos agobia.

Con respecto a la chica de las premoniciones, mi consejo a sus padres fue que trataran de determinar si las mutilaciones y los asesinatos que ella veía se podían prevenir. Por ejemplo, ¿podía ella identificar a las personas que aparecían en sus visiones? ¿Aparecían con lujo de detalle direcciones y nombres específicos? Información de este tipo pudiera usarse para alertar a la policía. No había garantía de que la policía fuera a escuchar, pero la chica que tenía la información iba a poder dormir tranquila sabiendo que la había compartido.

Por supuesto, tenemos que acordarnos siempre de ser discretos. Comparte la información solamente si es específica. Los psíquicos debemos tener cuidado de no desahogarnos con otros sólo para quitarnos un peso de encima. Debe hacerse para beneficiar al receptor, no a nosotros mismos. Si no beneficia al receptor, pídele a tus guías que te liberen de la información, anótalo en tu agenda si es necesario y déjalo ir.

Ponte en contacto con las autoridades sólo si la información se puede verificar y si es útil para prevenir algo o para condenar a alguien. Cualquier otra cosa les es inútil. Si no hay suficiente información detallada para establecer el momento en que un delito violento va a suceder, o la identidad de la persona en cuestión, entonces no hay suficiente información para poder intervenir.

Si te pones a molestar a la policía cada vez que tienes un presentimiento, van a dejar de escucharte. Te van a catalogar de psíquico "extraño" y vas a perder tu credibilidad. Tú quieres mantener esa puerta abierta en caso de que verdaderamente puedas ayudar a resolver un delito.

Recuerda que no todos los psíquicos quieren ayudar a resolver crímenes, lo cual está bien. Este segmento es para aquellos que ansían involucrarse en el aspecto forense. Tienes que afinar tus habilidades para tener relevancia, y tú puedes hacerlo.

A veces tienes que dejar ir la información y pedirle a un poder superior que se ocupe de la persona en cuestión. Somos sólo seres humanos y hay un límite a lo que podemos hacer por otros.

Los adolescentes psíquicos deben aprender a mantener a sus guías bajo control. Yo le pido a mis guías que no permitan que ninguna energía negativa o dañina entre en contacto conmigo. Los guías son muy complacientes y van a actuar tomando en cuenta tus intereses. Ustedes, los padres, pueden pedirles a sus propios guías que cuiden a sus hijos; yo lo hago. Sé que mis guías guían, aman y protegen a mis hijas, al igual que lo hacen los guías de ellas.

Una forma de recobrar la paz es visualizar que tu corazón está inundado de una luz blanca radiante que se expande hasta inundarte completamente, para luego salir de tu cuerpo por cada uno de tus poros. La luz blanca está ahí para protegerte y sosegarte. Este es un ejercicio muy beneficioso; yo misma lo practico. Otro ejercicio que ayuda es visualizar a una persona del más allá a la que te sientas ligado. Haz que esa persona sujete un balde donde tu vas a colocar todos tus problemas para que el espíritu se los lleve. Nuestros seres queridos en el más allá disfrutan ayudándonos en nuestros momentos de ansiedad. Este ejercicio también fortalece la relación recíproca entre aquellos que no están ya entre nosotros y los que todavía están.

Los adolescentes que desean afinar sus habilidades deben practicar con amigos y familiares que se presten a eso, teniendo en cuenta que no todos los mensajes van a tener un significado importante. A veces el cliente o persona que estamos leyendo no espera que un tema serio vaya a surgir y no admite la información. Me tomó algún tiempo darme cuenta de que si yo sacaba a relucir algo que el cliente quería ocultar, esa persona iba a mentir al respecto.

Esto fue una lección difícil y desilusionante para mí, porque yo me sentía tan segura de lo que estaba diciendo y la persona lo negaba. Me rijo por un estándar alto. Después de varias ocasiones en las cuales recibí confirmación de terceras personas de que yo estaba en lo cierto, me di cuenta de lo que estaba sucediendo. A veces, cuando salía por la puerta, el esposo o una amiga de mi clienta se me acercaba y me decía que la información mía estaba correcta.

En la actualidad, cuando me siento segura de la información que tengo, no dejo que una negación me moleste. Dejo que me sirva de incentivo para averiguar qué se oculta detrás de esa información. Y luego la dejo ir. Si una persona no está lista para compartir algo privado, no importa, pero que no vaya a ver a un psíquico si tiene algo que ocultar.

En ocasiones, a los médiums nos muestran imágenes

que requieren que adivinemos un mensaje del más allá, y algunas veces no interpretamos bien lo que nos dicen. Por eso es importante describirle a la persona que estamos leyendo lo que vemos; es una manera más pura de transmitir el mensaje. No es muy efectivo para una persona con un don el tratar de explicar racionalmente la información que ha recibido. No te conviene contaminar la información con tus propias deducciones.

Los adolescentes deben tener presente que no se deben comparar a sí mismos con los psíquicos que se ven en las películas. Cuando yo era joven, dudaba si tenía un don. Observaba a los psíquicos que pintaban en las películas, buscando algo que pudiéramos tener en común. Pero no podía relacionarme con ellos.

Sé que el descubrir y aceptar mi don me tomó tiempo debido a que no tenía un modelo por el que guiarme. Quiero decirles a todos que hay mucha gente vestida de traje con títulos universitarios que poseen habilidades psíquicas y de médium. Hay personas de toda condición —médicos, mamás, cajeras, maestros, corredores de bolsa, músicos, niños—, sin ninguna semejanza entre sí, que están conectados gracias a su habilidad para comunicarse con el más allá y para ver cosas que están por venir.

Si tú eres un adolescente con un don y no te interesa desarrollarlo, está bien. El más allá no quiere darle a una persona más de lo que esa persona puede manejar. Desintonizar el más allá requiere un poco de práctica, pero se puede lograr. Si una persona toma una decisión consciente e ignora el mensaje, eventualmente el mensaje va desapareciendo y será más difícil de escuchar. No creo que esto quiera decir que la persona pierde el don. Sigue ahí; solamente está dormido. Alejarte del don quizás te va a dejar sintiéndote un poco extraño, como si algo que no puedes identificar faltara en tu vida.

Lo más importante que le puedo decir a un chico o chica que tiene un don es lo que yo por tanto tiempo quise oír: "Comprendo por lo que estás pasando, no estás solo, y algún día todo esto tendrá sentido para ti".

CAPÍTULO 7

Compenetración

A menudo me he preguntado por qué me sentí tan físicamente tensa cuando el espíritu de mi bisabuelo se me presentó en 1978. Como ahora soy una psíquica madura, ya sé la respuesta. No fue que yo estuviera mirando a alguien a quien acababa de ver enterrar. Fue un sensación física de enfermedad. Mis colegas psíquicos sabrán entender esto.

Cuando quienes tenemos una sensibilidad especial estamos junto a personas enfermas, sentimos sus enfermedades. Mi bisabuelo había acabado de fallecer y yo estaba absorbiendo la energía del cáncer que había causado su muerte. Cada vez que me comunico con un espíritu que ha fallecido debido al cáncer, experimento exactamente la misma sensación que sentí con mi bisabuelo hace veintiséis años.

Ahora que soy mayor estoy más en onda con ese sentimiento, y a menudo siento que ese espíritu estaba devorado o enfermo. También puedo sentir el cáncer cuando estoy tratando con el sobreviviente de la enfermedad. Ver las circunstancias que rodean la muerte de alguien puede validar su presencia ante sus seres queridos y ayudarnos a entender su razón para morir.

¿Has notado alguna vez cómo en ocasiones recibes instantáneamente una grata sensación con una persona, y que otra persona puede incomodarte con igual rapidez? Algunas personas son buenas y otras personas son malas; la mayoría está en el medio. Solemos usar las primeras impresiones para determinar cuánto confiamos en una persona. He hallado que la primera impresión es la más acertada. Jamás corrijas un sentimiento fuerte. Confía en tu instinto.

La actividad psíquica no es nada nuevo. Muchas personas ejercitan su "sexto sentido" con regularidad. En la vida cotidiana con frecuencia nos oímos decir que tenemos una corazonada respecto a esto o que sentimos una vibración acerca de aquello. Piensen en los jueces, médicos, madres, padres y personas por el estilo que usan su sexto sentido todos los días.

Algunas personas tienen más facilidad que otras para escuchar su intuición. Estos individuos parecen ir por la vida como si hubieran sido bendecidos, ya que todo les sale bien. Yo creo que muchas de estas personas sí tienen una bendición, gracias en parte a su buena voluntad para escuchar a su intuición, a sus sentimientos más profundos, todo lo cual los ayuda a tomar las decisiones correctas y saber qué o a quiénes evitar.

Algunas personas deciden no prestar atención a sus instintos, y por eso avanzan por un camino más largo y lleno de riesgos. Algunas personas no confían en sí mismas lo suficiente como para creer en su propia intuición. Qué error tan grande. La voz que te guía quiere lo mejor para ti. Escúchala.

Algunos individuos salvan la vida de otros al escuchar a sus guías. Me refiero a los médicos y enfermeras que usan su intuición y su compenetración con los demás para curar a los enfermos y darles a los pacientes el mejor cuidado posible. Eso podría consistir en hacerle una prueba a una persona que no es un paciente típico, sencillamente porque sienten que deben hacerla, o hacer que un paciente permanezca en el hospital una noche adicional, por si acaso. No hay una razón lógica para tomar esas decisiones; están basadas, tan sólo, en un sentimiento apremiante.

Por supuesto, la mayoría de las decisiones médicas se basan en información sólida y en la experiencia. No estoy descartando la educación de quienes toman esas decisiones. Sin duda eso es importante. Lo que hago es, sencillamente, reconocer que a menudo, a través de su trabajo, se produce una contribución espiritual.

Si trabajas en el campo de la medicina, te pido que recuerdes dedicar tiempo a ti mismo. Cuando salgas del hospital, límpiate de espíritus "apegados a la tierra". Las personas que han sufrido grandes dolores físicos o traumas, o que mueren súbitamente, a menudo se quedan conmocionados después de que mueren. En ocasiones, sobre todo en los hospitales, los espíritus apegados a la tierra se apegan a aquellas personas con quienes se han sentido a gusto. Algunos espíritus ni se dan cuenta de que han muerto; piensan que solamente están pasando un tiempo junto a su médico, su enfermera o un ser querido.

Incluso si no crees que hay espíritus a tu alrededor, no hace daño que digas, "Vete a la luz y encontrarás a tus seres queridos esperando por ti". Esto impedirá que se queden rondándote y que te depriman.

Recuerda también no ser duro contigo mismo cuando tu paciente muere, a pesar de que tú has hecho todo lo posible por salvarlo. Como dije anteriormente, a veces no está en nuestras manos.

La policía es otro campo en el que la gente actúa por corazonadas e instintos. Las personas que funcionan en este campo suelen seguir preocupados con su trabajo aun después de las horas laborales, ya que están constantemente rodeados de delincuentes y seres que contaminan. Si trabajas en la policía, tienes que recordar que toda energía negativa que absorbes puede tener un efecto negativo en tu salud. Tienes que recordar tomarte tu propio tiempo para concentrarte en cosas alegres y positivas.

Por supuesto, este consejo es también para cualquiera que permita que las tensiones de la vida lo atormenten. Es importante que quienes tienen trabajos muy intensos y de mucha presión que parecen no terminar nunca (sí, eso incluye el trabajo de las mamás) se cuiden mucho.

CAPÍTULO 8

Vidas dolorosas, despedidas apacibles

Una de las experiencias más notables que he tenido con el más allá ocurrió en mayo del 2000, cuando estaba en Washington, D.C. para asistir a una conferencia. El gran número de imponentes monumentos me mantenía hipnotizada y estaba disfrutando enormemente todos los lugares de interés del área. Siempre me ha interesado la historia de los Estados Unidos y en particular quería visitar el monumento a los veteranos de Vietnam, así que Joe y yo nos dirigimos hacia allá.

Caminamos por la senda mientras estudiábamos el muro de mármol negro del monumento. Nos sentamos en un banco que daba al estanque de reflexión, y me dediqué a compartir con mi esposo lo que había acabado de ver. Al borde del estanque veía dos apariciones de dos soldados estadounidenses, uno arrodillado y el otro de pie. El soldado que estaba arrodillado estaba más próximo a mí, a no más de veinte pies de distancia; su pistola estaba en el piso, a su lado.

Apunté hacia el área donde estaba arrodillado el soldado y empecé a describirle a mi esposo la escena que estaba viendo, cuando de repente el soldado se viró; se había dado cuenta de que estaba hablando de él. Este espíritu terrestre se me acercó y comenzó a agitar la mano vigorosamente ante mis ojos. Para entonces, ya estaba a unos pocos pasos de mí.

Me dirigí a él.

—Sí, te puedo ver.

Tan pronto como estas palabras salieron de mi boca, el soldado, a quien voy a llamar Sarge, porque había sido sargento, empezó a mostrarme lo que le había sucedido en Vietnam. Todavía lo perseguía.

Me presentaba las imágenes como si yo estuviera mirando un vídeo familiar. Había una mujer dentro de una choza con techo de paja. Sarge estaba en un pequeño terraplén detrás de un árbol o de unos arbustos, mirando hacia ella desde lo alto. La mujer era del Vietcong. Había preparado emboscadas para matar a soldados estadounidenses. Sarge debía tirar una granada a la choza y así terminar con el "enemigo".

Sarge era un buen soldado. Quería ayudar a que su

país ganara la guerra, lo cual quería decir que tenía que llevar a cabo las órdenes que le habían dado. Eliminar al enemigo —en este caso, la mujer— podría salvar a sus amigos y compañeros de una muerte segura. En el preciso momento en que lanzó la granada, escuchó el llanto de un bebé: ese bebé seguramente era de la mujer del Vietcong. La choza, la mujer del Vietcong y el bebé volaron en pedazos.

Sarge estaba fuera de sí. Había ido a pelear a la guerra como buen patriota que era, pero trazaba un límite con respecto a los niños. Esto fue algo que nunca se perdonó a sí mismo. Quedó tan destruido por el dolor que se puso en la línea de tiro durante un combate. No podía vivir sabiéndose responsable de la muerte de un niño inocente. Pensó que, ya que su vida no valía nada (así lo veía él), al menos quizás iba a poder salvar a algunos de sus amigos entregando su propia vida a cambio. Sarge se las arregló para que lo mataran.

Mis guías me aconsejaron decirle lo que él necesitaba escuchar. Lo miré mientras trataba de reponerme y le dije:

—Yo te perdono, todos te perdonamos, y todos sabemos que no fue tu intención hacerle daño a ese bebé.

El joven rostro de Sarge, desencajado por el dolor, se relajó súbitamente y su piel irradió un resplandor dorado. Yo pude hacer por Sarge lo que él no había podido hacer por sí mismo: perdonarse a sí mismo. Sarge sonrió y retrocedió. En ese momento, figuras imprecisas de miembros de su familia, sus amistades y otros soldados compañeros suyos, que tanto tiempo llevaban esperando por él, aparecieron para "llevárselo a casa".

Aunque Sarge era soldado, también era un joven sensible con muchas dudas sobre el bien y el mal. No he contado su historia para que otros lo juzguen; no se trata de la guerra o de quitarle la vida a alguien. He narrado la historia para que otros aprendan a perdonarse a sí mismos los errores que han cometido en esta vida, y para que se den cuenta de que cuando fallecemos nos llevamos nuestros remordimientos con nosotros. El perdón no es siempre fácil, pero es de vital importancia para nuestra existencia.

Sarge me dijo cuál era su grado en el ejército y me dio su nombre completo. Mi esposo y yo buscamos en el libro de nombres que había en el monumento, y ahí aparecía. En caso de que tengas curiosidad al respecto, no, su nombre no era corriente, como García o Pérez. No lo voy a divulgar, por respeto a sus familiares.

Creo que es importante compartir la historia de Sarge con otros que han perdido familiares, amigos u otros seres queridos en una guerra. Quiero que la gente sepa que cuando hablan con el espíritu de un ser querido, o cuando visitan los monumentos a nuestros veteranos, los del más allá escuchan sus palabras.

Muchos de los jóvenes que fueron a la guerra también llevan sobre sí un gran peso. Lo importante es que nos acordemos de que muchos soldados han pagado un alto precio por nuestra libertad, y lo han hecho por su amor hacia nosotros. Esta ha sido una de las experiencias más increíbles que he tenido jamás, y estoy eternamente agradecida de haberla podido compartir con un espíritu tan maravilloso.

El espíritu de muchos de los soldados permanece ahí, en el monumento. La mayor parte de ellos no están ahí porque se sienten culpables. En esencia, están ahí por el orgullo que sienten de haber muerto por su país, y para que sus familias estén más seguras. Desde el más allá, estos soldados disfrutan al ver cómo les vienen a rendir homenaje, y especialmente les encanta ver cómo sus compañeros que sobrevivieron la guerra vienen a visitar el monumento. Algunos de los soldados no pueden creer que esos monumentos se hayan erigido sólo por ellos (son muy modestos). Vi muchos espíritus caminando por el área del monumento de Vietnam y paseando a lo largo del estanque de reflexión. Nos rodean por todas partes y siguen compartiendo con todos nosotros. Nunca olvidaré ese encuentro que tuve con Sarge aquel caluroso día de mayo.

🐚 🐚 🐚

Mi intención era limitar este capítulo solamente a narrar mis experiencias con Sarge. Sin embargo, le dije a Joe que, por alguna razón, me daba la sensación de que no estaba terminado y que esperaría a ver cuál suceso por fin lo cerraría.

Seis meses después de que empecé a trabajar en este

capítulo, algo de trascendencia histórica ocurrió cuando atacaron a los Estados Unidos el 11 de septiembre de 2001. Diecinueve terroristas árabes secuestraron cuatro aviones comerciales y crearon una situación trágica en nuestro país. Todos lloramos viendo cómo la gente buscaba a sus seres queridos en la Zona Cero en Nueva York. Estas lágrimas no eran lágrimas comunes y corrientes. Éramos un frente unido, llorando por otras personas que nunca habíamos conocido. La tristeza colectiva y la magnitud de nuestra pérdida era abrumadora.

Por regla general, no soy una mujer que exprese mucho sus sentimientos. Mi mejor amiga dice que yo soy el equivalente emocional de un hombre, con lo cual quiere decir que me siento incómoda llorando y demostrando excesivamente mis emociones. Mis sentimientos hacia otros son profundos, pero me los guardo dentro de mí.

Recuerdo verme a mí misma sentada en el borde del sofá con los ojos fijos en la televisión, observando las consecuencias del desastre que aconteció con el ataque al Centro Mundial del Comercio y al Pentágono. En mi mente, no podía asimilar que un grupo de terroristas hubiese tratado de matar a nuestro presidente y a otros miles de personas. Cuando tocaron el himno nacional de los Estados Unidos en el cambio de guardia en el palacio de Buckingham sentí cómo mi pecho se hinchaba de orgullo. También sentí una gran emoción al ver a todos nuestros amigos en otros países que compartían nuestra pérdida con nosotros.

La gente con frecuencia me pregunta si todo el

mundo tiene bondad dentro de sí, en el fondo de su alma. Mi respuesta es no. Pienso que todos los niños tienen bondad en sus almas, bondad que sólo es necesario sacar a relucir. Comprendo que hay excepciones por cuestiones médicas, pero hablo en términos generales.

Pero las cosas son distintas con los adultos. En algún momento entre la niñez y la edad adulta, podemos perder nuestro sentido de conciencia si no nos andamos con cuidado.

Osama bin Laden en verdad me asusta, porque es una persona desquiciada. Creo que con bin Laden ni tan siquiera se puede empezar a razonar. Proviene de un lugar completamente ajeno, un lugar que en realidad nunca podremos entender. Cuán maravillosa hubiera sido su contribución al mundo si hubiese usado todo ese dinero y esfuerzo para algo positivo.

Quiero decirles a las familias y a las amistades de aquellos que perdieron seres queridos en ese ataque terrorista que sólo un cobarde pudiera perpetrar, que las víctimas no estaban solas cuando partieron. Sus familiares en el más allá estaban ahí, protegiendo a aquellos que se les iban a unir. Desde el más allá, las madres, los padres, los abuelos y muchos otros, se llevaron a casa a sus seres queridos sin perder tiempo y con gran amor. En algunos casos, fue posible intervenir. Es por eso que algunos se salvaron, como por ejemplo los que iban con retraso ese día a sus empleos debido al tráfico u otras razones.

Tuve una visión mientras veía las torres derrumbarse. Vi a una mujer vestida con una chaqueta y una falda; estaba en el suelo, apiñada contra un escritorio. Estaba asustada y rezaba mientras el edificio se iba derrumbando a su alrededor. Empecé a sentir cólera porque moriría de esa manera. En ese momento vi descender del techo la luz dorada más intensa y bondadosa que jamás he visto, y mientras esta luz iba bajando y se posaba sobre ella, iba tomando la forma de una mano. Ese gesto repentino y lleno de amor borró el temor que la mujer sentía y pudo ver que no estaba sola.

Algunos psíquicos no escribirían sobre estas cosas porque tocan el tema de la religión. No me importa; la mano no llevaba símbolo religioso alguno, ni predicaba nada. La mano era la de un dios cuya sola intención era mostrar un poco de misericordia. La mano de este ser superior cubrió a las personas y protegió a algunos de una muerte segura. La misma mano se llevó velozmente a aquellos que debía llevarse a casa. Puede que no entendamos el por qué algunas personas se salvaron y otras perecieron, pero eso no significa que no haya algún tipo de plan.

Sé que no era yo la única persona que hubiera querido saltar dentro del televisor y ayudar a los policías y a los bomberos en Nueva York a buscar entre los escombros. En aquellos escombros estaban nuestros hermanos. Eso nos ha cambiado para siempre. Los terroristas trataron de derrotar a los Estados Unidos pero fracasaron. Sí lograron, sin embargo, unimos a todos como nunca antes.

Dios bendiga a aquellos valerosos seres que lucharon contra los terroristas del vuelo 93 y que salvaron a innumerables personas. Aunque viva cien años, sus acciones siempre me harán llorar. He quedado por siempre impactada. Gracias a los pilotos, las azafatas, los pasajeros, bomberos, policías y a todos aquellos que perdieron sus vidas ese día. Gracias por honrar al mundo con su presencia. Nos sentimos pequeños ante su valentía y ante la magnitud de lo que se vieron obligados a soportar. No hay palabras con qué describirlo.

Los ataques cambiaron a los Estados Unidos en muchas formas, algunas de ellas positivas. Por ejemplo, algunas personas que perdieron sus empleos se han preguntado si no desearían explorar otro campo más satisfactorio espiritualmente. Tengo familiares que han sido afectados por los despidos en las empresas. Es sorprendente ver cómo algunos que iban camino al éxito profesional están ahora pensando hacerse bomberos para así llenar un vacío en sus almas.

El 11 de septiembre ha hecho que muchas personas se pregunten qué es lo verdaderamente importante en la vida, y qué pueden hacer para ayudar a otros. Ha traído consigo muchos exámenes de conciencia. Ha sido una oportunidad para que muchos se den cuenta de que pueden cambiar el curso de sus vidas. Nunca es tarde. Pienso que lo peor que puede hacer una persona es desperdiciar su vida.

Los niños sueñan mucho, y muchas cosas les dan alegría y les causan risa. A veces, los adultos se agobian tanto tratando de pagar sus tarjetas de crédito que olvidan que hay otras cosas en la vida. A veces olvidamos que podemos ser lo que queramos y que nuestra edad no debe ser un factor en esta cuestión.

¿Imaginas cómo serían las cosas si no hubiera personas dispuestas a cambiar el mundo? ¿Si no hubiera personas que creen en la alegría? No habría lugares como Disneyland. No existirían en la televisión programas de entrevistas que exploraran la espiritualidad y la felicidad a nivel personal. ¿Qué consejo les doy a los que buscan realizarse? Lánzate, para que puedas mirar hacia atrás y decir, "Yo hice eso". Cuando se te ocurra una buena idea, no la descartes. Atrévete a llevar a cabo lo que es importante para ti, y ten firmeza para no ceder tu terreno ante aquellos que son negativos.

Yo miro mi vida y me siento muy realizada y bendecida por hacer lo que hago. Siempre estoy bajo escrutinio, siempre me preguntan "¿Crees de verdad que las personas siguen existiendo después que mueren?" Siempre respondo:

—Sí. Soy una de las pocas personas en el mundo que está segura de que sí siguen existiendo.

Con frecuencia escucho decir, "Soy escéptico, no creo en la vida después de la muerte". Mi respuesta a los escépticos es que lo van a saber con certeza después de que pasen a mejor vida. ¡Es la verdad!

No importa cuántos golpes reciba, los aguantaré con gusto. Son un pequeño precio que pago a cambio de una vida llena de bendiciones.

CAPÍTULO 9

Pequeñas cosas

He incluido este capítulo para compartir contigo algunas de las pequeñas cosas que los seres humanos tenemos la tendencia de dar por descontado en la vida. Son las mismas cosas que apreciamos más después de que hemos perdido a un ser querido. Son a menudo estas pequeñas cosas las que nos conectan con el más allá de una manera conmovedora. Es bueno poder aportar el nombre de un ser querido, pero los detalles sentimentales son más personales y confirman la autenticidad de la conexión con alguien en el más allá.

Después de innumerables lecturas, me di cuenta de que las pequeñas cosas son importantes, pues lo que puede parecer insignificante a la mayoría de las personas, para otras es un detalle inapreciable y consolador.

Mis clientes han contribuido a las siguientes lecturas para que tú puedas compartir lo que ellos han sentido al revisitar a seres queridos que ya han desaparecido. Cada lectura me ha conmovido y me ha enseñado algo nuevo acerca de ser una médium.

De vez en cuando la información que comunico a mi cliente no tiene sentido para él o ella en el momento de la lectura, y se les nota en la expresión perpleja de su rostro. Por lo general, un par de semanas después recibo una llamada telefónica o una tarjeta de ese cliente, junto con una historia que aclara los detalles previamente desconocidos. Alguna experiencia o descubrimiento convierten la información que yo brindé en algo relevante.

En otras situaciones, la intensidad de una buena lectura puede significar que el cliente se demore en procesar toda la información que se está recibiendo. He obtenido nombres propios, segundos nombres, apellidos, ciudades, modelos de auto, platos favoritos, de todo. Después de todos los esfuerzos que hacía para brindar la mayor cantidad de información, encontré que lo que más importaba eran las pequeñas cosas. Una de las muchas lecciones que he aprendido del más allá es que son las pequeñas cosas las que son lo suficientemente poderosas como para derribar los muros de incredulidad más resistentes.

🐚 *Dándose las manos con el más allá*

Una vez realicé una lectura para una hermosa y vivaz chica de dieciséis años, a la que llamaré Lisa; ella había perdido recientemente a su mejor amiga, a la que llamaré Kim, en un horrible accidente automovilístico, y necesitaba darle un cierre emocional a la muerte de Kim. Kim logró llegar a nosotros y nos comunicó muchos mensajes que resultaban importantes para Lisa; entre otras cosas, habló acerca de un máquina de juegos* en la que ambas habían jugado a menudo, y le comentó a Lisa acerca de un supuesto amigo suyo que no tenía para con ella las mejores intenciones.

Lisa quería estar segura de mi habilidad, así que lanzó nombres y me pidió que comentara acerca de esas personas. No me importó que me pusiera a prueba. Prefiero recibir información limitada por parte de mis clientes, para que el impacto de la información que yo les doy sea mayor. Pero disfruto los retos, siempre y cuando no sean motivados por la ira. Estuve acertada acerca de las personas con las que Lisa me puso a prueba, pero Kim sentía que Lisa no estaba entendiendo su mensaje. Entonces Kim me ofreció información con la que deseaba atraer la atención de Lisa. Me volví hacia ella y le dije:

* *Pinball machine.* (N. del T.)

—Lisa, ¿quién es el número once? Me está mostrando un suéter deportivo con el número once en la espalda.

Lisa hizo una pausa y dijo:

—Esa soy yo. Yo soy el número once en el equipo de baloncesto de mi escuela.

Así que dos buenas amigas, que habían hecho todo juntas hasta que la muerte las separó, pudieron conectarse. Le expliqué a Lisa que la información me la había dado Kim para que ella captara toda su atención y así pudiera considerarla seriamente. Kim sigue protegiendo y queriendo a su amiga y ésta a su vez no duda que Kim estuvo con nosotras aquella tarde y que aún sigue caminando junto a ella por la vida.

🐚 Mamá

Muchos de mis clientes han perdido a uno de sus padres. Es difícil dejar ir a los padres. O tuviste la suerte de llevarte bien con ellos y ahora los extrañas, o ellos nunca te apoyaron y necesitas una conexión para experimentar un cierre emocional. Cualquiera de estas dos situaciones es lo suficientemente dolorosa como para necesitar un cierre emocional.

Rick es un hombre fomido cuya naturaleza cariñosa y buena me atrajo inmediatamente. Llegó a mi puerta alegre, pero vacilante. Al sentamos para su lectura de una hora, me dijo que su madre acababa de morir. A él le estaba resultando difícil lidiar con su desaparición, ya que era conductor de camiones de transporte pesado y se encontraba en la carretera I-80, en Nebraska, en el momento en que ella falleció. Le dije:

—Tu madre está haciendo que me duela la cabeza por adentro y por afuera. ¿Entiendes eso? Es como si ella hubiera sufrido un aneurisma y su cabeza golpeó una mesa o algo cuando se cayó.

—Sí, ella sufrió una apoplejía cuando estaba en el baño, y se golpeó la cabeza en el lavabo cuando se cayó —dijo él.

—Bueno, ella no quiere que le echen la culpa a su esposo; insiste en que no es culpa de él.

Rick mencionó que algunos miembros de su familia habían culpado a su padre.

—Estoy viendo constantemente una mesa de ruleta —Confié en que él no tomara esto a mal. A veces en una lectura sale algo que un cliente puede encontrar ofensivo, como una aventura amorosa o una adicción al juego, sobre todo si se trata de su madre.— ¿Ella quería ir a Las Vegas, o había estado allí recientemente?

Él se quedó pasmado.

—¡Sí!

Rick explicó que su madre había acabado de regresar de Las Vegas el día que murió. Había soltado la maleta y caminado hacia el baño de su habitación cuando sufrió una apoplejía y falleció. El papá de Rick estaba en el trabajo en ese momento y cuando regresó a la casa parecía como si no hubiese nadie allí. Abrió la puerta de su habitación y notó que las luces estaban apagadas, pero su esposa no estaba en la cama. Así que fue hasta la cocina para prepararse algo de comer y decidió mirar la televisión mientras esperaba que ella regresara. No se había dado cuenta de que su esposa estaba en el piso del baño, imposibilitada de pedir ayuda.

Debido a esto, Rick tenía sentimientos encontrados respecto al fallecimiento de su madre. Ella estaba "aclarando la cosas" desde el más allá para aliviar a su familia del sentimiento de culpa y frustración que los embargaba.

—Rick, ¿tenía tu madre una mesa redonda con una fuente de frutas encima?

—Sí, y ahora la tengo yo.

—Tu madre aún se sienta allí. Dice ella que ése es el tiempo que ella y tú pasan juntos.

Sus ojos se llenaron de lágrimas. Luego la mamá de Rick se refirió a una mujer llamada Susan; ella quería que Rick supiera que Susan y ella estaban juntas. Entonces le pedí a Rick que llamara a la madre de Susan (si ella estaba dispuesta a escuchar un mensaje del más allá) y le dijera que su hija estaba bien y que estaba junto a su madre.

En ese momento Rick no estaba totalmente consciente de cuán importante era este mensaje, pero se sentía feliz de oír mencionar el nombre de Susan. Cuando se fue ese día, me dijo que sentía que le habían quitado un gran peso de encima.

Al día siguiente me llamó para decime que se había puesto en contacto con la madre de Susan, que vive en la Florida. Le contó acerca de su lectura conmigo y le dio la noticia de que Susan estaba con su mamá y que era muy feliz. Ella comenzó a llorar y dijo que había estado pensando en su Susie toda la semana. Al día siguiente era el aniversario de su muerte. Dijo que había estado hablándole a Susan porque la extrañaba mucho, y había tenido la esperanza de que Susan pudiera escucharla. Definitivamente, Susan le había respondido.

La llamada telefónica de Rick le dio a la madre de Susan la confirmación de que su hija seguía junto a ella. No fue una casualidad que la llamada de Rick llegara el día antes del aniversario del fallecimiento de Susan.

Rick y su madre están conectados en vida y en el más allá. Y también lo están Susan y su madre. El lazo madre-hijo nunca puede romperse.

🐚 *Yo creo*

Nunca sé qué esperar en una sesión de grupo. A veces los participantes tienen tanto en común que nos damos cuenta de que hay un tema de grupo que los afecta a todos. Por otro lado, de vez en cuando me encuentro con un participante que duda si debe estar allí, pero que se ha comprometido a, por lo menos, observar el grupo. Regularmente, el observador se integra cuando un visitante del más allá insiste en enviar un mensaje.

Recuerdo el caso de George, un hombre apuesto y de aspecto muy cuidado, con algunas canas. Al damos la mano, George sonrió y dijo:

—Tengo que confesaríe que soy un escéptico.

—Está bien —le dije—. Todo el mundo debe acercarse a esta experiencia con los ojos bien abiertos. No trate de ajustar la información a lo que usted está buscando.

Me aseguró que no lo haría. No tardó mucho en que se diera a conocer un visitante del más allá que venía a ver a George. Le dije a George que su abuelo estaba llegando y me preguntó que cuál.

—Tu abuelo me está mostrando la ciudad de Nueva York, así que él era de Nueva York o ese era un sitio importante para él —le dije.

George caviló durante un momento y entonces dijo:

—No me parece.

Repetí mi consejo de no forzar nada.

—Espere, mi abuelo vino a este país a través de Ellis Island.

Le describí a su abuelo y mencioné que le gustaban los tirantes de pantalones. Los tirantes resultaron significativos para George y se sintió complacido. Le di más información acerca de su familia y profundicé un poco más sobre su abuelo antes de terminar su lectura.

—Todo lo que usted me dijo fue correcto, menos la parte de que mi abuelo jugara a las damas; él no jugaba a las damas —dijo.

Le expliqué que yo transmito lo que recibo, y que tal vez eso se le haría comprensible más tarde. Dos semanas después recibí una llamada de la prometida de George, quien había ido con él a la sesión de grupo. Dijo que habían estado de compras y vieron la vidriera de una tienda que tenía una decoración que incluía un tablero de damas.

Ella vio a George mirando fijamente el tablero y le preguntó por dónde estaba vagando su mente. George se volvió hacia ella y dijo:

—Cuando yo era pequeño mi abuelo solía llevarme al parque, y me daba quince centavos para que me fuera y él pudiera jugar a las damas.

George se quedó pasmado al darse cuenta de que hacía tiempo se había olvidado de esta parte de su infancia. Tanto la lectura como el tablero de damas de la tienda habían despertado su memoria. No tengo dudas de que el abuelo de George estuvo involucrado en ayudarlo a recodar esos detalles. Su abuelo logró convencer a George de que estuvo, está y estará siempre junto a él. Luego, George me envió una linda tarjeta que decía "Creo". Gracias, George. Eso significa más de lo que te imaginas.

🐚 Finales felices

A veces a la gente le gusta convertir mis sesiones de grupo en excursiones familiares. Una atractiva joven llamada Barbara se apareció con su hermana, Jen, y su tía para una sesión de grupo. Durante esa sesión me conecté con el abuelo de Barbara (ya fallecido), quien insistía en que les transmitiera imágenes a sus "niñas". Le dije a Barbara y a su familia que su abuelo hablaba de cuentos infantiles para la hora de dormir.

—Él dice que te leía cuentos de hadas y me está mostrando un castillo en la cima de una colina, con un sendero que lleva al castillo.

Aquellas tres mujeres se quedaron boquiabiertas. Barbara reveló que, en camino hacia la sesión, había estado pensando en su abuelo y en cómo él le leía cuentos a la hora de dormir cuando era niña. Le había dicho a su tía, que iba con ella en el auto, que quería que abuelo viniera y hablara de los cuentos infantiles que solía leerles a ella y a Jen cuando eran pequeñas. Ella y su tía recordaron aquello con cariño y estuvieron de acuerdo en que los cuentos a la hora de dormir las convencería de que abuelo se encontraba cerca de ellas.

La hermana de Barbara, Jen, que había venido en su propio auto, era la escéptica del trío, pero también se quedó pasmada. Dijo que, cuando venía a la sesión, le había dicho a su abuelo que si él se encontraba allí junto a ella, debería contarte a Allison acerca de los cuentos de hadas que solía leerle cuando ella era niña. Específicamente, le pidió "Cenicienta". Jen estaba emocionada y sabía que ese día su abuelo estaba junto a ella con su libro en la mano. Las tres mujeres experimentaron la misma dulce conexión con el abuelo, y todas sabían que él las estaba escuchando cuando venían hacia la sesión de grupo.

🐚 *Lirio de pascua*

Como la mayoría de las personas, tengo una vida social. Los fines de semana a menudo mezclo el negocio y el ocio. Era una soleada tarde de sábado y algunas de mis amigas y yo, por hacer algo distinto, salimos a almorzar. Nos detuvimos en Champions para tomar un cóctel. Sólo logro hacer esto muy de vez en cuando, así que estaba lista para relajarme escuchando la música de la victrola. Mi mejor amiga, Stacey, había estado conversando con la cantinera cuando, de repente, regresó corriendo a nuestra mesa.

—¡Allison! Tienes que hablar con esta pobre chica. De verdad que necesita que la aconsejes.

Como me sentía bastante relajada, le dije:

—Claro, dile que venga. Hablaré con ella.

Nuestra cantinera se acercó a mí.

—¡Hola! Soy Kim. Espero que no la esté molestando.

Le aseguré que no era molestia. Conversamos brevemente sobre un asunto de salud que la preocupaba. Entonces, Kim dijo:

—Pienso en una amiga mía que falleció. Espero que esté junto a mí.

Con gran confianza le dije:

—Oh, sí, está contigo. Me está enseñando un lirio

de pascua. Eso quiere decir que se está refiriendo al mes de abril. ¿Murió ella en abril? ¿Cumplía años en abril?

(Este es un ejemplo de lo importante que es para mí ilustrar lo que alguien del más allá me está enseñando. Es importante que las personas con instintos psíquicos recuerden este consejo: describe todo lo que ves; esto ayudará a hacer una mejor lectura para la persona que consultas. La información que obtenemos no es siempre lo que creemos que es. A veces la persona a la que se le hace la lectura resulta útil en el "juego de charadas" con el más allá. Nosotros sólo somos mensajeros; a veces necesitamos que la persona que está sentada frente a nosotros nos aclare la imagen.)

—Me llamo April* —respondió Kim. Su amiga no se refería al mes de abril, sino que me estaba dando el nombre de April. Entonces me volví hacia Kim y le dije:— Tu amiga se está refiriendo ahora a mayo deletreando M-A-Y†.

Kim se rió y dijo:

—Mi segundo nombre es May. Me lo pusieron porque así se llamaba mi abuela.

Esos fueron los únicos nombres y/o meses que le di. Platicamos unos minutos más, y entonces ella regresó a su trabajo con una nueva sensación de paz.

---

* *April* en inglés es el nombre de un mes —abril— y también un nombre de mujer. (N. del T.)
† El mes de mayo en inglés es *May,* el cual también puede ser un nombre de mujer. (N. del T.)

❧ *Las mentes se encuentran*

En una ocasión tuve la oportunidad de sentarme junto a un matrimonio maravilloso, Carol y Randy, para hacer una lectura informal cuando mi esposo y yo habíamos salido a cenar con ellos. Randy, mi escéptico favorito, me miró y preguntó:

—¿Cuál es mi número de suerte?

Le contesté que seis.

—¡Tienes razón, es seis! Jugué y gané con el seis. Desde entonces ha sido mi número de suerte.

Nos reímos y ellos bromearon que sería bueno llevarme a Las Vegas.

Entonces Carol me preguntó:

—¡Oye, Allison! Cuando mi amigo se enamore, ¿cómo se llamará la mujer de la que se enamorará?

—Ann.

Se quedó boquiabierta y nos dijo que ya le había presentando una compañera de trabajo suya al amigo de Randy. ¿Su nombre? Anna.

Más tarde me enteré de que la nueva pareja había tenido una primera cita muy apasionada. ¡Me alegro por ellos! Después de eso, Randy siempre me tenía una pregunta preparada, pero ya no ponía en duda mis habilidades.

Randy murió súbitamente en noviembre de 2002, víctima de un infarto masivo. Ahora me comunico con mi escéptico favorito desde el más allá.

🐚 Una estrella fugaz

Me encanta darle a la gente señales de sus seres queridos que les indiquen que ellos están presentes. Sé la importancia de esto, pues la mayoría de las personas no puede ver los espíritus. Es una buena verificación personal. Realicé una lectura para la viuda de un piloto que había muerto en un accidente aéreo. Ella refirió a su cuñada para una lectura semanas después. Dos cosas muy especiales sucedieron durante esta lectura. Una ocurrió cuando Chris, la hermana del piloto muerto, me pidió si yo podía decirle qué le había preguntado él a ella durante su última conversación.

Le dije que él le había preguntado si ella quería ser la madrina de su hijo.

Chris se quedó muy quieta y me pidió que repitiera lo que yo había acabado de decir. La complací. Esa fue, de hecho, la última pregunta que le había hecho su hermano. Yo estaba bien enfocada. Trabajar en el Laboratorio de Sistemas de Energía Humana de la Universidad de Arizona realmente había hecho que me sintiera a gusto contestado preguntas como ésa. A veces, cuando te empujas al límite, puedes superar tus propias expectativas.

El segundo regalo que recibió Chris de su hermano fue una señal. Él dijo que ella sabría que él estaba cerca de ella cuando viera una estrella fugaz.

Luego, recibí un mensaje por correo electrónico de

Chris. Estaba anonadada. Me dijo que cuando yo le había dicho que la señal era una estrella fugaz, no supo qué pensar. Jamás había visto una estrella fugaz y no podía imaginarse "cuándo rayos" iba a ver una.

Continuó describiendo lo que había ocurrido el Día de Acción de Gracias. Chris estaba sentada en la sala de su casa jugando con su sobrina y ahijada. La niñita estaba jugando con una varita mágica que tenía una estrella en la punta. Miró a su tía y estaba lista para lanzársela.

—Tía Chris —la llamó—, ¡mira la estrella fugaz!

De inmediato Chris se acordó de lo que había dicho su hermano: "Cuando veas una estrella fugaz, piensa en mí y estaré ahí".

Esto me pareció sumamente simbólico, ya que su hermano envió el mensaje a través de su hija, quien es parte de él, una parte de Chris que ella todavía puede abrazar. Ella sabe que su hermano pasó ese día junto a su familia y que siempre estará cerca.

Tómate el tiempo de pensar en las pequeñas cosas que son más importantes para ti. ¿Qué es lo que más aprecias de las personas que amas? Si alguna vez necesitas que te recuerden que hay vida más allá de la muerte, regresa a este capítulo y comprende que hay más vida que lo que vemos en la superficie.

CAPÍTULO 10

*D*ones

Constantemente me preguntan cómo es la experiencia de ver personas muertas. He decidido referirme a esto en mi libro para que los demás puedan entender un poco mejor mi vida y la de otros psíquicos. Ante todo, déjenme decir que ser una psíquica-médium es verdaderamente un don. Es una parte de mí y, si pudiera, jamás renunciaría a esa habilidad. Trato de divertirme con ella. Tengo una camiseta que a veces uso en las sesiones de grupo: "Veo muertos", dice. Mis clientes aprecian mi humor.

Por otra parte, la vida de un psíquico no es fácil. Como cualquier otra cosa, tiene sus ventajas y sus desventajas. Odio los estereotipos asociados con eso, y la imagen que tienen muchos de que somos personas estrafalarias con pelo duro y rizado, dedos como garras y que quemamos incienso. Ser médium es tanto una bendición como un reto.

Imagínate que todo lo que ha sucedido en tu vida fuera colocado bajo un microscopio. La mayoría de la gente nunca sabrá lo que se siente cuando la llaman a una Anticristo o cuando te juzgan antes de conocerte. Y luego, está la suposición de que las personas como yo siempre debemos estar dispuestas a ayudar o entretener.

Igual que quienes tienen otras profesiones, nosotros no siempre queremos hablar del trabajo ni que nos pidan consejo cuando estamos pasando un buen rato. Nos encanta ir a eventos sociales y ser tan sólo invitados como todos los demás. Disfruto de las ocasiones donde puedo confraternizar con los demás como una persona normal. ¿Quieres que te ayude? Llámame el lunes.

En cuanto a mi vocación, incluso cuando era joven me preguntaba qué era aquello tan maravilloso hacia lo que me sentía atraída. No podía definirlo, pero lo veía, lo sentía y lo oía. He leído que otros médiums han tenido experiencias parecidas durante su infancia. Me consuela saber que por lo menos existen unos cuantos que saben lo que siento.

🐚 *No hay ejemplos a seguir*

Como mis padres estaban divorciados, veía a mi papá todos los sábados. Me recogía y me llevaba a ver una película y a almorzar. Yo disfrutaba del tiempo que pasábamos juntos. Estoy segura de que vi todas las películas filmadas entre mediados de los años setenta y finales de los ochenta. Siempre sentí curiosidad acerca de los fantasmas y adoraba las películas que trataban del más allá.

Por desgracia, no podía relacionarme con los psíquicos de la mayoría de las películas. Parecían demasiado extraños o típicos de la Nueva Edad (no quiero ofender a los de la Nueva Edad; pero no podía relacionarme). No vi a nadie que se pareciera a mí. ¿Había montones de jóvenes que poseían el don, o era algo como la licencia de conducir, que tenías que alcanzar una determinada edad para obtenerla? Necesitaba más información acerca del más allá.

Rara vez veía una película sobre niños que tuvieran el don. De vez en cuando había una película sobre niños que podían ver un espíritu, pero nunca se los definía como poseedores de un don. Estaban en una situación aislada, y después de que el maltratado espíritu recibía una solución a su problema, se suponía que las visiones cesaban. Con ese tipo de representación, ver fantasmas me parecía más una chiripa que un don.

Cuando era niña, mi película de espíritus favorita era una que presentaban en el programa de *La Película del Domingo por la Noche* de Disney, acerca de una muñeca de cristal en un ático y el espíritu de una niña que necesitaba un cierre emocional. La premisa era que unos niños estaban tratando de descubrir qué le había pasado a una niñita que había muerto muchos años antes. Estaban tratando de ayudarla a dar un cierre a su problema comunicándose con ella e intentando sacar a la luz las circunstancias que rodearon su muerte. Los niños podían ver y oír a la niñita en el más allá, y esto a mí me parecía lógico.

Lo mejor de la película era que los chicos que podían ver el espíritu de la niña eran niños normales, y no estaban representados como trastornados ni extraños. La película era perturbadora, y me entusiasmó la posibilidad de interactuar con el más allá. Me encantaba. Constantemente me estaban colocando en situaciones que algún día serían normales para mí. Estaban preparando a mi espíritu para conectarse con el más allá.

Durante mi infancia también me sentí atraída al estudio de la mente criminal. Aunque no me di cuenta de lo que estaba haciendo hasta que fui adulta, veía en la televisión todo lo relacionado con homicidios reales. Mi mente recibía información que llenaba las brechas dudosas en los casos de asesinatos, tales como imágenes del asesino, armas, nombres, lugares y motivos. Años después, me enteraría de que tengo una habilidad especial para trazar el perfil de las características personales de los criminales. Mi especialidad es indagar en la mente humana con este propósito. Más específicamente, puedo determinar cuál es el motivo preciso de una persona, su emoción o falta de emoción, y el resultado de sus impulsos.

🐚 Mi don

A quienes piensan que cuando mueran se convertirán en alimento de gusanos, les gusta atacar la idea de lo desconocido. Pensar así les evita tener que hacer reflexiones espirituales o individuales, lo que puede resultar doloroso. Además, las personas que abrigan ese concepto tienden a no preocuparse mucho acerca de las consecuencias que tendrá la manera en que tratan a los demás, se sienten a gusto con eso. En una ocasión yo estaba en un programa y un idiota muy conocido (cuyo nombre no revelaré), me dijo:

—Bueno, yo creo que hay espíritus, ¡pero estoy totalmente seguro de que no pueden verse ni se puede hablar con ellos!

Mi respuesta fue:

—¡Bueno, qué tontería! Eso es porque usted no es un médium.

¿Es esto algo tan difícil de entender? Si todos pudiéramos oír o ver espíritus, todos seríamos médiums.

Para mí, eso es algo parecido a haber nacido con otro don importante. No importa cuántas lecciones de canto tome, jamás sonaré como Celine Dion; ni ligeramente parecido. No importa cuán duro estudie, jamás tendré la mente de Albert Einstein. No importa cuánto lo intenten otras personas, jamás verán ni hablarán con espíritus. No hay nada de malo en eso; eso es lo que hace al mundo tan interesante.

Para ayudar a la gente a entender mejor a los médiums, me referiré a algunos malentendidos que existen sobre nosotros. A veces un médium podría parecer frío o indiferente. A menudo los médiums tiene que alejarse emocionalmente durante una lectura, para así asegurar que pueden transmitir toda la información que viene del más allá y proporcionarle un cierre al problema de su cliente. En ocasiones me es difícil no involucrarme en la emoción de una lectura. Pero sé que cuando comienzo a dar rienda suelta a mis emociones pierdo la concentración, y esto puede debilitar la claridad de mi conexión con el más allá.

La apariencia de arrogancia también puede ser un concepto erróneo. Cuando los médiums llegan a intuir el nivel de exactitud de sus revelaciones, saben cuándo han dado en el clavo, y eso los hace sentirse confiados. Como el resto del mundo duda de nosotros, los médiums aprendemos desde el principio a mantenernos firmes respecto a la información que damos, o a callarnos la boca. Muchas personas juzgan mal a los mé-

diums que creen en su propia precisión, tildándolos de
arrogantes, cuando en realidad estos médiums tuvieron
que convertirse en los mayores creyentes en sí mismos
para poder continuar su labor.

Los médiums más jóvenes necesitan sentirse confiados de su información, pero recuerden ser humildes y
apreciar que quienes vienen a consultarlos está revelán-
doles sus vidas íntimas. Los médiums son sólo mensajeros, no creadores de milagros. Nuestra meta principal es
ayudar y guiar a los demás, no presumir.

Encuentro apoyo con mi familia, con la gente a quienes he ayudado a dar cierre a sus asuntos espirituales,
con las otras personas que tienen el mismo don que yo,
con mis guías, y con mi propio sentido del humor. Si
eres un psíquico que está todavía "en el clóset", déjame
decirte que puedes tratar de ignorar tu don, pero te vas
a sentir mejor si lo aceptas y desarrollas.

Recuerda que no se puede ir a la escuela para convertirse en psíquico, ni tampoco puedes comprar habilidades psíquicas; eso es un don. Todo el mundo tiene una
destreza especial para algo en la vida; la mía es hablar
con personas que han fallecido, y eso me gusta. Los
seres queridos que se han ido no tienen los complejos
que tienen los vivos, y siento que es más fácil hablar con
ellos.

Cuando me estoy preparando para una lectura pri-
vada, sé que el más allá se está agitando a mi alrededor
cuando las manos se me enfrían súbitamente. A esto lo

llamo darse las manos con el más allá. Me ha tomado tiempo, pero ya me acostumbré. Lo que hago ahora es poner mis manos sobre mi esposo y él me las calienta. (Él tiene múltiples talentos.)

Encontrar a un mentor o un psíquico con quien puedas relacionarte es una gran ayuda. Yo tuve la suerte de encontrar a una mentora, Catherine, una psíquica-médium-astróloga que es de lo mejor que hay en lo que se refiere al ejercicio de su don. Encontré en ella una maestra que rompió el estereotipado molde de una psíquica y me permitió sentirme más a gusto con mi don. No todas las psíquicas son mujeres de aspecto aterrador con bolas de cristal que caen en trances escalofriantes y comen alimentos crudos.

La mayoría de nosotros somos personas bastante normales. A mí me encanta el refresco Dr. Pepper; lo bebo por galones. Algunas personas que están más inclinadas que yo hacia lo espiritual me dicen que eso perjudica mi habilidad psíquica. De hecho, intenté beber una gran cantidad de gaseosa para hacer que los espíritus se fueran. Pero te aseguro que no me funcionó.

Además de beber galones de Dr. Pepper, me gusta vestir trajes de dos piezas, comer comida en la calle, subir el volumen de la música y ver películas de horror (porque no son reales). No me paso el día meditando durante horas. A pesar de lo útil que puede ser, soy demasiado impaciente para eso. Por lo general hago una rápida meditación de cinco minutos para pedirles a mis guías que me traigan información clara y precisa del más allá, y en el mejor interés de mi cliente.

Estudié para ser abogada de la fiscalía. Hice una pasantía en el departamento de homicidio en la oficina de un fiscal del distrito local. Estaba tratando de ignorar mi don y de avanzar en la vida por una senda más transitada, en la que no tuviera que enfrentarme al mundo para que me respetaran. Escondía mi don y vivía una vida paralela con actividades totalmente diferentes, pero el don es parte de mí y debo honrarlo. Mis guías intentaban decirme que mi camino en la vida era otro, que yo no iba a ser abogada, pero yo no escuchaba.

Comparto esto con aquellos de ustedes que sienten que la vida está tratando de llevarlos en una dirección, pero ustedes quieren ir por otra. Me estaba tapando los oídos y tarareando una canción para acallar mis instintos. Pasé por todas las pruebas y tomé el examen para entrar en la escuela de leyes, porque yo iba a ser abogada, ¡maldita sea! Durante un período de seis meses, pusieron delante de mí más obstáculos de los que podía saltar. Por fin, miré a mi esposo y le dije:

—No creo que mi destino es ir a la escuela de leyes.

Joe había estado preguntándose cuánto tiempo iba a demorarme en darme cuenta.

Acepto el hecho de que no hay mucha demanda de fiscales psíquicos; la política interna en el mundo de la ley es complicada, y yo sobresalgo demasiado. Así que escucharé a mi vocación y enfrentaré tantos retos como sea posible, poniendo a prueba hasta el límite mi habilidad.

🐚 *Todavía soy humana*

Una de las desventajas de ser psíquica es que se espera que lo sepas absolutamente todo. La mayoría de las personas no entienden lo que es leer energía.

¿Imaginas lo que es vivir sabiendo que la gente piensa que eres una sabelotodo? Si se te descompone la lavadora de platos, te preguntan, "¿No adivinaste que eso iba a pasar?" Si tu hijo resbala y se cae, escuchas, "¿Cómo es que no lo sabías de antemano; no eres psíquica?"

Ante todo, hace falta mucha energía para encender nuestro radar, así que no siempre estamos prestando atención; estamos ocupados viviendo, y sólo somos humanos. Además, los psíquicos no lo ven todo. Sí, tenemos un sexto sentido, pero nuestros otros cinco sentidos no son infalibles; entonces, ¿por qué no se le va a permitir a nuestro sexto sentido un poco de libertad?

Los psíquicos pueden ser víctimas de todas las flaquezas humanas normales. Nuestra vista nos ha jugado trampas a todos, por ejemplo, cuando pensamos que vemos a alguien que conocemos, y luego descubrimos que, después de todo, no se trataba de quien creíamos. O a veces no oímos claramente cuando alguien nos habla. A menudo creemos oír que nos llaman por nuestro nombre, y luego descubrimos que sólo eran voces en la televisión del primer piso. O no podemos recordar dónde pusimos algo.

En ocasiones los sentidos humanos nos llevan a conclusiones erróneas. La gente con frecuencia confunde los olores o hace falsas conjeturas acerca de un ingrediente en la receta de un amigo. Esto puede suceder también con el sexto sentido. Una vez, tuve una visión en la que vi a una clienta parada junto a un letrero de "Se vende". Le pregunté si estaba vendiendo su casa. Me dijo que no. Pero yo seguía viéndola una y otra vez, junto al cartel de "Se vende". Por fin le pregunté:

—¿Estás pensando hacerte agente de bienes raíces y dedicarte a vender casas?

Me dijo que sí, que recientemente había estado pensando en convertirse en agente de bienes raíces.

—Me están diciendo que ésa es la dirección en la que debes ir —le dije.

Cuando una visión viene una y otra vez, el más allá está enfatizando algo importante, como la dirección que una persona debe tomar en su vida. En aquella visión, mi clienta se veía extremadamente feliz y en buena posición económica, lo que para mí significa éxito. Los psíquicos tienen que tener cuidado al descifrar lo que ven; puede ser engañoso. Probar, fallar y volver a probar es la única manera en la que los psíquicos aprenden. Una vez que hemos experimentado, por ejemplo, la sensación de un infarto, lo reconoceremos la próxima vez. Los médiums necesitan "experimentar" los diversos tipos de muerte y emociones para poder tener una referencia a la que recurrir y poder realizar así una lectura excelente. Pero esto lleva práctica.

Una vez una mujer joven, de veintipico de años, me pidió que le hablara acerca de su salud. La miré y dije que sentía un problema en sus músculos y articulaciones. Me estaban dando el síndrome del túnel carpiano como un ejemplo del debilitamiento de sus manos. Dije que yo no sentía que los efectos más severos se presentarían por ahora. Ella me dijo que sufría de esclerosis múltiple. Le pregunté si estaba en remisión y me dijo que sí.

Yo nunca había leído a alguien con esclerosis múltiple, por lo que no conocía la sensación que estaba asociada con esa enfermedad. Estuve certera acerca de sus síntomas, pero fallé en identificar la enfermedad. Sabía que su mal no era grave en ese momento y que a ella le quedaba aún algún tiempo antes de que la enfermedad se desarrollara. Ahora puedo reconocer esa sensación. Las experiencias de su vida aumentan la habilidad de un médium para leer ya que, mediante la repetición, él o ella puede entender mejor lo que siente.

Hay ocasiones en las que los psíquicos-médiums *saben* sin tener que concentrarse, o cuando nos abruma un espíritu persistente que insiste en que le prestemos atención. A veces un espíritu me grita mi nombre al oído hasta que yo repito su mensaje; otras, el deseo de darse a conocer puede más que las buenas costumbres.

No controlamos lo que nos llega; todo depende de la fuerza y la claridad de la energía en el más allá, de nuestra habilidad para recibir el mensaje y de la buena voluntad del ser querido a quien le damos el mensaje.

A veces un ser querido vivo está esperando oír una palabra en específico. A pesar de la información sumamente específica que se les da, se sienten desilusionados o molestos si la lectura no avanza como él o ella tenía previsto. En vez de eso, la lectura sigue tal como lo quiere su ser querido en el más allá.

Míralo desde la perspectiva del espíritu. Imagínate que tú quieres desesperadamente hablar con alguien por quien has estado esperando diez años para hablarle. Sólo tienes treinta minutos para decir todo lo que quieres decirle. Quieres llenar un vacío y que el ser vivo reconozca que estás junto a él o ella en su vida presente. Puede que ésta sea tu única oportunidad de hacerle saber a tu ser querido cómo te sientes. ¿Qué sería importante? ¿Qué dirías? Que lo quieres, que lo sientes, su nombre, los nombres de las personas que están con él o ella, recuerdos u objetos que tienen un valor emotivo.

Probablemente no te preocuparías por una palabra en código; estarías demasiado ocupado expresando emoción, ya fuese amor, felicidad o arrepentimiento. Querrías llegar al corazón de tu ser querido. Así que si tienes la suerte de establecer contacto con un ser querido, escucha su mensaje y permite que llegue a tu corazón. No te empeñes en seguir tu propio plan.

🐚 *"Psíquico" es una mala palabra*

Un día me presenté en un programa de televisión en el cual se estaba haciendo una encuesta al público en el estudio para ver quién creía o no creía que los médiums pueden comunicarse con los muertos. El presentador decía:

—¿Quién cree que los psíquicos son impostores, y quién es crédulo y está equivocado?

Yo no podía creer que estuvieran haciendo semejante pregunta para tratar de influir en el público. Estaba sentada tranquilamente, esperando para hacer una lectura que sería grabada para el programa, cuando el equipo técnico comenzó a burlarse del tema. Estaban haciendo ruidos de fantasmas y riéndose histéricamente. Me cerré mentalmente y decidí que me tenía sin cuidado la lectura.

De todos modos, la persona objeto de la lectura era una mujer escéptica y poco accesible emocionalmente. Parecía como si hubiese venido sólo para hacer ver que no teníamos razón. Recibí información sobre los dos nombres provistos por su padre desde el más allá, pero eran parientes que a ella no le importaban mucho, por lo que quedó muy poco impresionada. No tomó en cuenta que sí significaban mucho para su padre. También nombré un objeto especial y tremendamente importante relacionado con la muerte de su padre, pero en ese momento nos dijeron que se nos había acabado el tiempo.

Bueno, pensé, por lo menos ya terminó. La noche anterior, como había tomado un vuelo a las cinco de la mañana, había dormido solamente tres horas y media, así que estaba ansiosa por echar una siesta.

Cada vez que se mencionó la palabra "psíquica" en este programa, fue con sonrisitas burlonas y despectivamente, como si fuera una mala palabra. Quienquiera que admitiera que creía en psíquicos, era ridiculizado y lo mandaban a callar enseguida. Este tipo de reacciones no se dan sólo en este programa en particular. Esto sucede por culpa de la gente que se hace pasar por psíquicos para sacarles el dinero a los demás. Ten presente que cada profesión tiene su caterva de mentirosos y delincuentes. Quien desee consultar a un psíquico debe pedirle a un amigo que le recomiende a alguien, o pedir referencias para evitar que lo engañen.

Como soy una médium que se ha esforzado en su vocación, me molestó que un grupo de extraños me ridiculizara. Pero no hay mal que por bien no venga. Al preguntarme a mí misma por qué me tomaba el trabajo de ser una figura pública en este campo, aprendí una valiosa lección: no permitir que incrédulos hostiles me desvíen de mi camino en la vida.

Como yo digo, nadie rompe un techo de vidrio sin cortarse.

❧ *¿Cómo es un escéptico?*

Cuando un escéptico oye la palabra "psíquico", casi siempre se pone a la defensiva de inmediato. La palabra tiene un estigma, pero yo he aprendido a no avergonzarme jamás de mi habilidad. Ver cosas que la mayoría no puede o no quiere ver es un regalo maravilloso.

No hay nada de malo en ser un poco escéptico. Los escépticos están en la cerca. No están seguros de una cosa ni de la otra, pero no se les convence fácilmente. Si reciben información específica y detallada, pueden llegar a creer. Si no oyen lo que necesitan oír, siguen abrigando dudas acerca del más allá, pero continúan en cierta medida abiertos a esa posibilidad. Puedo entender su posición y la respeto de todo corazón. No sólo tienen derecho a pensar así, sino que es inteligente que tengan un saludable sentido de duda.

"Los escépticos furiosos" son otra cosa. Estas son personas que proyectan en los temas relacionados con lo desconocido una ira surgida de la pérdida de alguien cercano a ellos. Por lo general son temas de abandono. Un escéptico furioso también puede ser una persona que siente que es más inteligente que el resto de la sociedad, por lo que piensa que los demás son tontos o crédulos. También tienden a ver como una debilidad cualquier indicio de emoción.

Hacen de los médiums el blanco de su furia, tratando

de proteger a aquellas personas menos capaces de entendernos. Tienden a hablar en voz alta para ahogar la respuesta de un médium a su pregunta, la cual, a fin de cuentas, era en realidad una afirmación. Suelen hacer afirmaciones ridículas contra el más allá: "Yo hablo con mi tía muerta, pero ella no me responde". A los escépticos furiosos nunca se les ocurre pensar que están tan cerrados que son incapaces de oír a aquellos que han fallecido. Además, están obviamente carentes de energía mediúmnica. No se espera que toda la población oiga a los muertos.

Los escépticos furiosos tienden a presentar argumentos tales como "los médiums son demasiado generales". Está bien, a veces la gente se muere de infartos, y algunos se llaman Mike, como mi papá. ¿No debe un médium reconocer el espíritu de un ser querido porque su muerte no fue diferente a otras o porque su nombre es demasiado común? Los médiums reconocen a quienquiera que venga, y sería estúpido de nuestra parte ignorar a un espíritu porque no cuenta con la aprobación de los escépticos. Hay que transmitir la información general; es parte del espíritu. Sin embargo, también puede surgir alguna información personal específica.

Me di cuenta de que yo podía pasar toda mi vida tratando de complacer a personas tan difíciles como éstas, pero ¡qué pérdida de tiempo y de energía sería esto! Además, son un grupo minúsculo. Durante mucho tiempo sentí que era necesario reconocer personalmente a los escépticos furiosos, tratar de hacerlos entender que lo que hacen los médiums es la más innata de las funciones humanas: conectar. Pero ahora los ignoro.

Si un escéptico furioso no reconoce el aspecto espiritual del más allá y no reconoce nuestro enfoque científico de la otra vida, entonces ése es su problema. Si una persona está alzando la voz y poniéndose roja de la ira cuando se habla de la vida más allá de la muerte, entonces necesita examinar por qué se siente tan furiosa y buscar ayuda para sus problemas.

¿A qué le temen tanto los escépticos? ¿A que la mayoría de la gente sí cree en el más allá y que esto los obliga a reconocer sus opciones en la vida? ¿A que sus palabras y acciones están siendo oídas y vistas por aquellos seres queridos a quienes han perdido? Los escépticos furiosos son las mismas personas que insistían en que la tierra era plana. Temen a lo que podrían encontrarse si exploran lo desconocido. Ahora que hemos definido a lo escépticos saludables y los dañinos, ¡brindemos por seguir saludables!

❧ Límites

Es tan importante establecer límites en nuestras vidas. He aquí un ejemplo de un límite que yo sentía que debía establecer por amor a mí misma. Los jóvenes médiums necesitan considerar qué es lo que los hace sentirse incómodos con sus dones. También tienen derecho a establecer límites y a saber que se merecen la misma cortesía que las demás personas.

¡Si yo tuviera una moneda de 25 centavos por cada vez que alguien me mira y me dice, "Soy un escéptico, pero dígame, ¿cuántos hijos tengo?" o "¿qué estoy pensando en este momento?"!

Como si mi vida consistiera sólo en entretener a los demás.

No voy a seleccionar números de la lotería para escépticos o entretenerlos en reuniones sociales. Los escépticos deben recordar que los médiums tienen sus propias vidas y que merecemos que nos traten con respeto. No es necesario ofendernos, sobre todo en un evento social. Puedo respetar a un escéptico que no crea en el más allá, ésa es su creencia; respeten la mía.

Por otra parte, muchas veces un escéptico ha terminado una lectura con una apreciación del más allá y una nueva perspectiva de la vida después de la muerte. Veo que personas que fueron escépticas son ahora algunos de los más firmes creyentes en los espíritus y en la idea de la vida eterna. Las personas saben qué es lo que tendrían que oír para convencerse de que un espíritu está comunicándose con los vivos. Cuando alguien ha oído lo que quería oír, parece como si les hubieran quitado un peso de encima; esto pueden sentirlo todos los que presencian el hecho.

Además, una persona que ha tenido una lectura extraordinaria por lo general encuentra un sentido de renovada espiritualidad. Es muy probable que esas personas acallen a los escépticos, ya que se han conectado con el más allá, y este vínculo no es fácil de romper.

Uso mi don para ayudar a personas que realmente necesitan y desean un cierre emocional, personas que ansían reconectarse con un ser querido y atar cabos sueltos. Algunas personas buscan guía o necesitan saber cuál es su motivación en la vida. Esto les permite tener una imagen clara de cuáles son sus opciones, para así poder tomar la mejor decisión dentro de su situación.

Estoy en la mejor disposición de ser específica y ofrecer información convincente sobre el más allá, pero no creo que los médiums están obligados a probarle a los demás que existimos. Creo que hay un poder superior, y que este poder superior no nos creó para, sencillamente, dejarnos morir. Somos infinitos. Somos seres espirituales capaces de comunicarnos con los espíritus de nuestros seres queridos incluso más allá de la muerte física.

Los psíquicos genuinos también tienen que vivir con muchos estigmas. Por ejemplo, hay muchísimos farsantes que dan una mala reputación a los médiums legítimos. Esto me molesta, por supuesto. Es tan incorrecto. Una vez un cliente me preguntó si iba a cobrarle por encender velas para ahuyentar a los malos espíritus. Yo jamás había oído hablar de algo así, y le pregunté a qué se refería. Me dijo que había consultado a un psíquico que tenía velas que costaban de diez a cincuenta dólares. El psíquico le dijo que esas velas ahuyentarían a los malos espíritus que estaban creando dificultades en la vida del cliente.

Si alguna vez vas a un psíquico y trata de venderte algo con la excusa de que sin eso tendrás un futuro poco prometedor, da la vuelta y vete inmediatamente. Un psíquico puede sugerirte que, de vez en cuando, quemes salvia si sientes una corriente de negatividad en tu casa, o si percibes una presencia que te molesta, pero bajo ninguna circunstancia debe aprovecharse económicamente de una varilla de salvia de cincuenta centavos. Él o ella puede sugerirte un libro, si le pides que te recomiende materiales de lectura o fuentes de información. Evita a un psíquico que te diga que irás al infierno, o que nunca encontrarás el amor, o que cualquier cosa terrible te sucederá, si no enciendes una vela de cien dólares o algo por el estilo.

Los psíquicos buenos no quieren que sus clientes dependan de ellos para cada cosa que hacen en sus vidas. Nosotros queremos que nuestros clientes usen sus propios recursos para salir adelante y les saquen el mayor provecho a sus vidas y, sobre todo, que sean felices.

Así que, por favor, recuerda no poner a todos los psíquicos en el mismo saco. Si vas a consultar a un psíquico para una lectura y te dice que tu abuela está junto a ti, no te cierres. Pídele que te hable de tu abuela. No tienes que darle detalles acerca de tu ser querido. Deja que sea el médium quien ofrezca los detalles.

Cuando se termine la lectura, es conveniente meditar acerca de la información que te brindó el médium. Ten por seguro a que un médium genuino no le resultará difícil brindarte detalles personales acerca de tu ser querido fallecido. ¡Eso es lo que nos hace médiums! Nosotros podemos comunicarnos con los muertos.

Si el médium te ha ofrecido detalles específicos sin que tú se los hayas sugerido, entonces acepta también las generalidades que probablemente acompañarán la lectura, tales como enfermedades e infartos. Si aceptas las cosas específicas, también tienes que aceptar las generalidades. Un buen médium debe ser capaz de no hacerte sentir preocupado.

Si el médium te da detalles personales fuera de lo común, entonces no pongas freno a tus sentimientos, no importa cuán escéptico seas. Si no lo haces, te perjudicas y perjudicas a tu ser querido. Si te das cuenta de que estás bloqueando tus emociones, entonces acepta que no estás listo aún para sentirte convencido. Es importante hacerlo en el momento preciso, y algunas personas todavía no están preparadas para conectarse con la otra vida. No te preocupes; eso está bien.

Yo sé que muchos escépticos dirán que los psíquicos no quieren tratar con ellos porque pondrían en evidencia sus fallas. Nada hay más lejos de la verdad. Lo cierto es que los escépticos tienden a poseer una energía pésima y repelente. No importa qué información ofrezca un psíquico, este tipo de escéptico negará, negará y negará. Para nosotros los psíquicos, pasar un rato con un escéptico de este tipo es como golpearnos la cabeza contra un muro, pero ellos no van a hacer que malgastemos nuestro tiempo ni nuestra energía en personas así.

Cuando vayas a una lectura, no dejes nunca que te convenzan con cualquier cosa, ni trates de ajustar a tu situación la información que te da un psíquico; sé objetivo. Todo lo que te pido es que estés en la mejor disposición de recibir mensajes y que recuerdes que no se trata de lo que tú deseas, sino que es el más allá al que se le debe prestar atención. Esto no significa que no obtengas la información que buscas; significa que recibirás una variada gama de informaciones del más allá, por lo que debes prestar mucha atención.

Cuando leo a un cliente, trato de no editar la información que me llega. Si la información sólo va conseguir hacerlo sentir mal, hay ocasiones en que no se la he dicho, pero eso sucede muy poco. No es que los espíritus intenten herir al cliente, pero tal vez tengan un mensaje que debe ser transmitido a otro familiar y ven una oportunidad de lograr ese objetivo.

Si un espíritu hizo en vida algo de lo que se avergüenza y ahora quiere revelar la verdad desde la muerte, esto puede constituir un problema. Yo hice una lectura durante la cual se reveló una infidelidad y se me hizo llegar una disculpa que debía ser transmitida a otro familiar. Mi clienta, quien no sabía nada de esa aventura amorosa, se alteró mucho cuando le di la noticia.

Más tarde, mi información fue confirmada por su padre, lo cual le dio validez a lo que yo había dicho, pero ¿a qué precio? Ahora mi clienta tiene sobre alguien a quien quiere una información, para decirlo con delicadeza, poco halagüeña. La excusa no le dio tranquilidad a nadie y cambió la forma en que una mujer recuerda a su abuelo.

Desde esa lectura, examino la información que me llega para ver si su propósito es lastimar a mi cliente. A mí no me preocupa la tercera persona a quien se le transmite el mensaje, sino mi cliente, que es quien, para mí, está en primer lugar. Este es el único tipo de situación en el cual oculto información a propósito, pero repito, esto sucede raras veces. Este suceso me impulsó a crear un código ético para mí misma. A veces, lo único que hay que hacer es aplicar el sentido común. Los médiums deben mantener valores morales muy elevados. Después de todo, nos han dado una gran responsabilidad. Los clientes que preguntan acerca de un cónyuge o un amante, no siempre quedan contentos con mis predicciones acerca de su relación, pero siempre soy directa y les doy toda la información que me llega desde el más allá. Por supuesto que quisiera que todo el mundo tuviera una vida amorosa feliz. Desafortunadamente, no siempre puedo decirle a mi cliente que su relación le va a durar toda la vida. Ten en cuenta que aunque las personas con dones podamos aconsejarte sobre tus relaciones, lo que más frecuentemente hacemos es, sencillamente, confirmar algo que tú mismo ya habías sentido.

Tengo algo más que decirles a quienes han descubierto sus habilidades psíquicas, pero no están seguros de qué hacer con ellas: el hecho de tener un don especial no te obliga a convertirlo en una profesión. No todas las personas con ese talento tienen la capacidad de aconsejar a los demás. Está bien si tienes otra profesión y dedicas tu sexto sentido a expandir tu éxito en ese campo. También puedes escoger ser una persona muy espiritual y encaminar tu don de manera que te ayude a convertirte en un ser humano muy equilibrado. El sexto sentido consiste en ofrecerte soluciones fuera de lo tradicional.

 *Normas*

Yo he aprendido a aceptar y desarrollar mi don, y sé que hubo una razón para que me lo otorgaran. Estoy muy consciente de cuán especial es mi habilidad, pero también sé que cualquier don conlleva una responsabilidad. Es necesario que sea discreta y juiciosa al usarlo. Por ejemplo, si estoy en un restaurante y veo a una anciana y, junto a ella, al espíritu de su esposo fallecido, no puedo levantarme e ir hasta ella para decírselo.

Como regla general, a menos que las circunstancias sean adecuadas y pidan mi participación, no hago comentarios con personas desconocidas. Tengo que ser cuidadosa al compartir información. No quiero entrometerme en las vidas ajenas, sobre todo cuando se trata de algo que las afectará emocionalmente. Hago esto por respeto a las creencias particulares de cada persona.

Mis normas son elevadas, pero tengo en cuenta que nadie es ciento por ciento perfecto en todo momento. Soy humana y no voy a agotarme esperando cosas imposibles. No soy una médium que busca lo que yo llamo "puntos de pañuelo". He visto personas que tienen mi mismo don y que basan su éxito en llorar hipócritamente junto a sus clientes. Hacer llorar a la gente no debería hacerte sentir mejor. Se puede transmitir un mensaje de una manera menos traumática y más considerada.

Por ejemplo, si me llega un mensaje de un hijo que desea comunicarle a su madre que la quiere, no resulta difícil decir lo siguiente:

—Tu hijo está expresando su amor por ti. Está reconociendo la conexión madre-hijo entre ustedes.

De esa forma, he hecho llegar el mensaje amablemente, ahorrándole un mal momento a mi clienta. Eso es mucho más agradable que decir:

—Tu hijo está expresando que nadie jamás lo querrá como tú lo quisiste, y está apenado de haberte causado dolor. Habría sido maravilloso haber vivido juntos.

A veces el médium tiene que interpretar el sentimiento que le llega, y esa interpretación puede colorear la forma en que se transmite el mensaje: dramáticamente, consideradamente, airadamente. Una persona preferiría hacer una lectura dramática, mientras que a otra eso le resultaría ofensivo. Si quieres hacerte una lectura con un psíquico, pídele referencias a una persona juiciosa.

Lo que más te conviene es poder conectarte con el médium que hayas escogido, así que dedica un minuto a hablar con él o ella por teléfono (si es posible) y pregúntale qué podrías esperar de tu lectura. Si la persona te da una buena vibración, hay más posibilidades de que tu lectura te satisfaga por completo. Recuerda, no le ofrezcas al médium información personal desde el principio. Deja que él o ella te diga detalles específicos acerca de ti. Esto añadirá impacto y significado a tu lectura.

Después de que he transmitido los mensajes, continúo con la lectura, regresando a los objetos especiales y recuerdos de la persona fallecida para autenticar su presencia. Aunque para el cliente resulta esencial escuchar el mensaje de su ser querido, ese mensaje será mejor recibido si él o ella puede reflexionar más tarde sobre los detalles y recordar los momentos que han dado validez a su lectura. Yo no prolongo y le "saco el jugo" a la tristeza durante las lecturas. Las lágrimas se presentan con frecuencia, pero prefiero producir otros elementos más alegres.

Mi familia es otra historia; mis reglas habituales no se aplican aquí. Si me entero de que un miembro de mi familia va a tener un infarto, le hablo, incluso si él o ella no acepta lo que hago. Mi familia tiene que conformarse conmigo y con mi don. Si les transmito los mensajes, estoy cumpliendo con mi obligación hacia ellos y hacia mi vocación.

El padre de Joe, ya fallecido, llegó a mí un día. Estaba caminando de un lado al otro junto a nuestra cama y las tablas del piso crujían. (Qué historia de fantasmas tan estereotípica: ¡pisos que crujen!) Me encantó que Joe pudiera oír el esfuerzo que estaba haciendo su papá; esta vez, no estaba sola. Seguimos acostados en la cama durante veinte minutos, oyendo a su papá caminar de un lado al otro junto a la cama. Me tapé la cabeza con la colcha y traté de ignorarlo.

—¿Qué quiere? —preguntó Joe.

—No quiero saberlo. Estoy cansada.

—Allison, vamos, pregúntale —dijo Joe.

—Dice que tu hermano necesita ir al médico, pero yo no voy a decírselo. De todos modos, no me va a hacer caso.

La noche siguiente, mientras Joe y yo nos preparábamos para acostamos, sonó nuestro sistema de seguridad. Joe lo revisó y pensó que había resuelto el problema, aunque no había podido hallar la causa de la activación. Nos fuimos a dormir. Alrededor de la 1:30 de la madrugada, la alarma sonó de nuevo.

—Pregúntales a tus guías qué le pasa a la alarma —dijo Joe.

Les pregunté y me contestaron: "El cable amarillo está suelto".

Se lo repetí a Joe y juré que en cuanto me levantara

iba a llamar a la compañía de alarmas. Le dije a Joe que su padre estaba activando la alarma, lo que quería decir que estaba preocupado por la salud de su hijo. A la mañana siguiente vino un empleado de nuestra compañía de alarma. Le pregunté si el sistema de alarma tenía un cable amarillo, y si era así, cuál era su función. Me dijo que había un cable amarillo y que estaba conectado al panel del frente.

Por supuesto, yo no sabía qué significaba eso. El empleado de la compañía de alarma fue hasta la segunda planta y se subió a una silla. La caja de la alarma que contenía la cablería estaba en la parte de arriba de mi ropero. Quitó la tapa y dirigió la luz de la linterna a los cables.

—Caramba, qué raro —dijo—. El cable amarillo está desconectado. Cuando instalan estas cosas, aseguran bien los cables.

La expresión en el rostro de esta persona me dio a entender que el que estaba suelto era el cable amarillo por el que yo había preguntado. Me pregunto si pensó que yo lo había desconectado a propósito para hacer que él viniera. Me pareció divertido dejar que su mente fantaseara. Qué importa. Le habría sido mucho más difícil digerir la verdad del asunto.

Llamé a Joe y le dije que, efectivamente, el problema era que el cable amarillo estaba suelto. Joe decidió llamar a su hermano al trabajo al día siguiente. Estaba nervioso. Lo más que podíamos esperar era que su hermano aceptara de alguna forma la información y que fuera al médico para hacerse un examen. El hermano de Joe trabaja en una compañía de ingeniería muy grande y es un hombre muy lógico.

Joe llamó a la oficina de su hermano. Tan pronto como su hermano contestó su línea de comercial, se activó la alarma de incendio de la empresa. Joe se quedó pasmado. Su hermano le comentó lo extraño que era que se hubiese activado la alarma de la empresa, y que iba a tener que llamar a Joe después porque ahora no podía escucharlo a causa de la alarma. El papá de Joe había hecho lo imposible por enfatizar su mensaje. Joe se sintió realmente conmovido por esto. Más tarde, le dio el mensaje a su hermano, pero desafortunadamente, mi testarudo cuñado decidió no ir al médico; prefiere esperar y ver qué pasa.

CAPÍTULO 11

¿De verdad quieres saber?

Una de las dificultades de ser psíquico es que a veces la gente nos echa la culpa de los mensajes que recibe. De vez en cuando hay que decirle a un cliente algo que no quiere escuchar, y entonces la emprende contra ti. A veces es más fácil no creer a un psíquico que enfrentar una decisión difícil. Encuentro que esto ocurre frecuentemente entre las personas casadas, quienes quieren decirme lo que desean oír.

—¿De verdad que quieres saberlo todo? —pregunto antes de transmitirles a los clientes una información delicada. Francamente, algunas personas no quieren, y respeto esa decisión. Estoy preguntándoles que consideren si quieren recibir una información que los va a afectar notablemente.

A menudo descubro que he detectado áreas de debilidad en la relación de una pareja que deben examinarse y cambiar para prevenir una separación inevitable. A veces la relación no tiene remedio en absoluto, porque una o las dos partes ya se han desconectado. Ha habido muchas ocasiones en las que ha ocurrido una infidelidad, y yo he dicho el mes en que una aventura amorosa se reiniciará o terminará. Recibo muchas confirmaciones de mi información, y como no siempre son buenas noticias, siento tristeza al pensar en la situación de mi cliente.

He decidido que no voy a responder ciertas preguntas acerca del matrimonio. No voy a responder si alguien pregunta si cometieron un error al casarse, o si deben unirse con otra persona. No le voy a decir a nadie si su matrimonio no va a durar. Me niego a trastornar la vida de alguien, aun cuando me hayan pedido la información.

La mayoría de los casados que tienen preguntas acerca de su matrimonio ya saben en qué situación se encuentran con sus cónyuges. Siempre les digo a mis clientes que recuerden vivir sus vidas como lo desean, y sólo usar mi información como una "herramienta" complementaria.

Parte de aconsejar a las personas es aprender a no aferrarse a la idea de que deben tratar de solucionarles los problemas a todo el mundo. Los médiums nos ponemos límites para no tener que cargar sobre nuestros hombros los problemas del mundo entero. Ayuda a los que puedas, y respeta a la gente lo bastante como para dejarla que encuentre su propia forma de vivir. Y a aquellos de ustedes que poseen una energía humanitaria con ansias de salvar al mundo, les digo: son encomiables, pero escojan sus peleas cuidadosamente y no dejen que ellas los destruyan.

¡Vive!

Estaba viendo el programa *Oprah* en julio de 2001 (¡sí, yo veo *Oprah!*), cuando presentaron a un hombre que estuvo a punto de morir en un accidente aéreo unos veinte años atrás. Él decidió que si sobrevivía iba a vivir su vida plenamente y a trabajar para tener un impacto positivo en el mundo. A duras penas sobrevivió aquel encuentro cercano con la muerte y se dedicó a vivir.

¡Fue tan inspirador! Confeccionó una lista de las cien cosas que quería hacer antes de morir y hasta ese momento había logrado alrededor de setenta de esas metas. Yo hice una lista de las metas mías y quería compartirla con ustedes y pedirles que hicieran sus propias listas. De hecho, están leyendo una de las diez metas principales de mi lista de cosas por hacer: ¡escribir un libro!

Las experiencias de cercanía a la muerte parecen inspirar a las personas a que vivan sus vidas al máximo.

Ahórrate la experiencia de cercanía a la muerte, en vez de eso, ¡aprende de los demás y vive! La vida es como un relámpago: viene y se va en un instante. Diviértete y comparte con los demás tus hermosos dones. Apadrina a un niño, dona tu tiempo o dinero a una causa noble, como un hospicio, o firma una tarjeta de donante de órganos, ¡es gratis! Hazme caso, en el más allá no vas a necesitar tus riñones, y no hay un don más poderoso que brindarle a alguien una nueva vida. Sea lo que sea que escojas, selecciona algo que te conmueva, algo que llegue a los rincones más profundos de tu ser.

Yo siempre recurro a la niña que vive en mi interior cuando deseo no dejar pasar las pequeñas cosas de la vida. ¿Te acuerdas de cuando eras pequeño y querías salvar a los animales abandonados y no podías entender por qué tus padres no se sentían tan entusiasmados de adoptar una mascota que realmente te necesitaba? Te sentías dichoso de encontrar un animalito perdido. De algún modo, pensaste que te habían enviado un regalo especial.

Crecer no debería significar darse por vencido. ¿Por qué crees que miramos fijamente a los niños, anonadados ante su inocencia y ante el modo sin pretensiones con que descubren la vida? Lo hacemos porque parte de nosotros reconoce y extraña esa parte de nosotros mismos. Para los niños, el humanitarismo es algo natural; la mayoría de los adultos tenemos que esforzarnos para lograrlo. De cualquier manera, es una característica inspiradora.

¿Recuerdas cuando no entendías por qué había personas en el mundo que pasaban hambre? Me acuerdo de que mi mamá me dijo que había personas hambrientas en todo el mundo que querrían tener las sobras de mi cena. Con típica sinceridad infantil le sugerí buscar un sobre y enviarles mi comida.

Hoy en día sigo la sugerencia de mi infancia y la aplico en mi vida adulta. Cada Día de Acción de Gracias y en Navidad envío un cheque para cenas de días festivos a los refugios para personas sin hogar. No puedo eliminar el hambre en el mundo entero, pero puedo mejorar los días festivos de algunas personas y dejarles saber que ellas sí importan. Algunas personas piensan que, como no pueden eliminar por completo el hambre mundial, no van a hacer nada al respecto, porque es más fácil olvidarse de un problema que reconocer que existe y actuar.

Tú debes encontrar esa parte de ti que se atrevió a soñar que podías tener un impacto positivo en las vidas de otros. Todavía puedes provocar un impacto positivo que se extienda por el mundo. Si renuncias a tratar de conectarte con los demás, te aíslas y te absorbes en ti mismo. Crecer significa obtener el poder de alcanzar metas en el mundo adulto, pero en algún punto durante ese trayecto comenzamos a pasar por alto los gatitos abandonados y las personas desamparadas, porque es más fácil cerrarnos que conmovernos ante aquellos que están necesitados.

No te digo que conviertas tu casa en un refugio para

animales. Lo que digo es que mires a tu alrededor para ver quién necesita ayuda y qué podrías hacer por ellos.

En cuanto a los limosneros, no estoy de acuerdo con dar dinero a la gente en la calle, pero sí puedo comprarles comida. En más de una ocasión he notado a personas desamparadas pidiendo dinero junto a la entrada de despacho para autos de un restaurante de comida rápida. Suelo ordenar una hamburguesa adicional o algo para darles. He recibido dos respuestas diferentes: la persona tiene hambre y realmente aprecia la comida y el gesto, o se trata de un farsante que juega con el sentimiento de culpa de los demás.

La caridad alimenta el alma, pero no permitas que te tomen el pelo. Tú no tienes que salvar al mundo; sólo aprecia su compleja belleza. Hay muchas formas de tener un impacto positivo, y todas comienzan haciendo un gesto de acercamiento hacia los demás. A veces casi me siento egoísta al ser caritativa, ya que me hace sentir tan eufórica. Aquellos a quienes he ayudado me ofrecen un enorme estímulo espiritual. La energía positiva se alimenta a sí misma y regresa a ti.

Escribí este capítulo para las personas que se sienten vacías por dentro, que están buscando un propósito o que, sencillamente, quieren sentirse bien. Nunca está de más hacer un inventario de tu alma. ¿Te sientes realizado? ¿Has logrado en la vida todo aquello que dijiste que lograrías? ¿Cuáles son tus principios? ¿Has tenido un impacto positivo en la vida de alguien? Mírate en el espejo y descubre en quién te convertiste al crecer. Si eres una persona realizada, al final de tu vida física no te arrepentirás de nada.

🐚 Desde otro punto de vista

A veces me preguntan si la gente realmente se va al infierno. En dos ocasiones parecidas pude traer a un espíritu, pero no logré que el espíritu estableciera un diálogo con mi cliente. En una de las ocasiones miré a mi cliente y empecé a describirle algunas características negativas de su padre. Además de su alcoholismo y su frecuente abuso de su familia, también era un adúltero y tenía comportamientos sexuales perversos, como frecuentar prostitutas.

Cuando se transmite ese tipo de información, resulta un poco perturbador sentir el dolor del cliente. Ella verificó mi información y dijo que la aceptaba. Le expliqué que su padre había escogido dar la espalda a la luz, pero que esto no tenía por qué influir en ella en absoluto. Creo que la gente puede crear su propio infierno y hacerlo parte de su vida si deciden que no quieren separarse de sus características espirituales más sombrías. Padres siniestros pueden tener hijos buenos, y viceversa. No pases tu vida pagando por las decisiones de tu familia. La gente no te mira a ti y ve a tu familia; sólo te ven a ti. La clienta a la que le dije que su padre le había dado la espalda a la luz es una de las mujeres más equilibradas, amables y cariñosas que he conocido. Es una madre excepcional y muchas personas tienen la suerte de ser amigos suyos.

Algunas veces, en situaciones parecidas, el cliente se ha levantado del sofá en menos de quince minutos y ha dicho:

—¡Yo sólo necesitaba saber que él se había ido a donde merecía! —y entonces se marcha.

Los psíquicos no están aquí para decirles a los demás cómo vivir; nosotros sólo estamos tratando de darles una perspectiva de su futuro para que puedan aprovechar al máximo su precioso tiempo sobre la tierra. Debo admitir que es difícil observar cómo la gente regresa a un comportamiento negativo que le cuesta la felicidad. Nosotros sólo podemos aconsejar y enviar ángeles para que guíen a esas personas. La voluntad del espíritu humano puede ser más fuerte que toda la guía que recibe, así que escucha atentamente cuando te señalen tu camino.

CAPÍTULO 12

Si jamás murieras

Lograr que una persona sonría aliviada gracias a que la ayudé a alcanzar un cierre emocional con un ser querido que ha fallecido, significa para mí mucho más de lo que me es posible expresar. Estuve en esa posición cuando Domini, mi compañera de bachillerato, murió a los 31 años de edad.

Domini y yo éramos amigas desde que yo tenía catorce años, cuando nos conocimos durante el primer año de bachillerato en la escuela secundaria North High. Recuerdo el día en que coincidimos en la parada del autobús frente a la escuela. Domini era gimnasta; lucía femenina, pero definitivamente se las podía arreglar por sí sola de ser necesario. Tenía una sonrisa cautivadora, al estilo de Julia Roberts, con dientes por todas partes. Era amistosa y agradable, y enseguida empezamos a conversar. Después de eso, nos convertimos en íntimas amigas.

Aunque Domini era bella y vivaz, tenía el espíritu herido y era muy infantil. Había tenido una infancia complicada, y añoraba encajar y ser querida. Siempre era la que alegraba las fiestas. En julio de 2000 le diagnosticaron un melanoma maligno, y murió el 2 de abril de 2001. Fue muy duro ver a mi amiga sufrir.

A veces, ser psíquica es difícil, porque sabes que algo terrible va a suceder que tú no puedes detener, solamente puedes sentarte y ver cómo tu profecía se desenvuelve. Durante mucho tiempo, tuve la sensación intensa de que Domini iba a morir de cáncer cuando tuviera alrededor de treinta años. Cuando yo tenía como diecinueve años, le dije que veia que su vida iba a terminar unos diez años más tarde y que el cáncer iba a ser el culpable. No era yo la única que sentía que ella iba a desaparecer joven.

Durante nuestra adolescencia, Domini y yo compartimos un momento que nunca olvidaré. Éramos íntimas amigas. Fuimos a ver la película *Playas,* que protagonizaba Bette Midler. Al irse desenvolviendo la trama en la pantalla, Domini se volteó hacia mí. Estábamos en la parte en que el personaje que representa Bette Midler está hablando con su mejor amiga, papel que hacía Barbara Hershey. Hershey le estaba explicando a Midler que tenía cáncer y que iba a morir. Hershey quería que Midler se ocupara de su hija después de que ella falleciera.

—¿Ali? —Dom era la única que me llamaba Ali—. Si a mí me pasara algo y muriera, ¿tú harías lo mismo por mí? ¿Te ocuparías de mi hijo y le hablarías de mí?

Traté de aligerar la atmósfera diciéndole:

—Bueno, no *todo*.

Pero me di cuenta de que ella estaba hablando en serio, así que traté de tranquilizarla.

—¡Domini! Sí, por supuesto que sí.

—¿Me lo prometes?

—¡Sí!

Domini pareció tranquilizarse. Ella sabía que yo soy incapaz de romper una promesa.

Nuestras propias vidas se asemejan a la película en muchas formas. Sólo pocos años después de esta promesa, Domini y su esposo Dominic tuvieron una preciosa niña a quien llamaron Marissa. Pero ya a los veintipico perdí contacto con Dom. Me había casado, tenía mi propia familia y tomamos sendas distintas.

Me acordaba de ella con frecuencia y me preguntaba cómo estaría su graciosísima niñita pelirroja, aquella bebé a quien yo le trataba de cambiar el pañal, pero que casi siempre acababa poniendolo al revés. Aquella niñita a quien yo sólo le daba comidas rápidas porque no sabía qué darle de comer a una niña pequeña. No tenía experiencia con niños pequeños, pero sí hacía el esfuerzo porque quería ayudar a Domini con su niñita. Quería conocer bien a Marissa y que ella me conociera a mí.

Pasaron seis años, y en 2000 me decidí a tratar de encontrarla. Hice una búsqueda a través de la computadora y la localicé por medio de Dominic, de quien se había divorciado. La urgencia que sentía por encontrarla no era coincidencia. Mis guías me estaban enviando a ella por una razón. Le dije a Domini que estaba haciendo un internado en la oficina del procurador del condado y ella me dijo que trabajaba a una cuadra de mí. En los meses que siguieron, Domini y yo hablamos muchísimo por teléfono; era como si nunca hubieran pasado aquellos seis años.

Se había casado de nuevo y había tenido una bebita ese mes de marzo. Me ofrecí a llevar la cena (vivía como a una hora de mí), pues quería conocer a su nueva bebita. Joe y yo montamos a las niñas en el auto y fuimos a pasar la tarde con Dom y su nueva familia.

Era la primera vez que veía a Marissa desde que tenía tres años. Era la misma niña de ojos vivaces a quien recordaba cuando llevaba a comer a McDonald's. Nos pareció que la tarde se fue demasiado rápido. Nos pusimos a mirar los álbumes de fotos y a hablar durante horas; luego llegó la hora de irnos. La semana siguiente, desconectaron el teléfono de Dom y no supe de ella durante cuatro largos meses.

En el verano del año 2000, le diagnosticaron cáncer y me llamó para decírmelo. Sucumbió a la enfermedad poco después. Años atrás, Dom y yo nos habíamos sentado juntas a ver aquella película que había sido una visión momentánea de lo que sería nuestro futuro. Lloramos juntas y nos reímos juntas, y luego, cuando llegó la hora, nos despedimos. Creo que desde aquel día que vimos esa película, Domini sabía que su tiempo en la tierra sería breve. Domini había dicho tantas veces que siempre había sabido que no llegaría a vieja. Y tenía razón.

🐚 *Hasta que nos volvamos a ver*

No me gusta decir adiós porque suena muy terminante. Me gusta decir, "Hasta que nos volvamos a ver".

Domini pasó varios meses luchando contra el cáncer. Empleé mi tiempo con ella inteligentemente, haciendo que cada minuto contara. Stacey, a quien me uní mucho durante la enfermedad de Domini, me ayudó a llevar a cabo algunos de los deseos de Domini. El cierre emocional es importante tanto para los que se van como para los familiares que quedan atrás. No te paralices emocionalmente por esta triste circunstancia. Si tienes la buena suerte de tener este momento tan valioso, considérate bendecida. Pregúntale a tu ser querido qué quiere hacer o ver mientras esté aquí en este mundo. Tienes en tus manos una oportunidad que muchos darían cualquier cosa por tener.

Domini siempre había querido tener un apartamento que luciera bonito, pero la limpieza y la decoración no habían sido nunca sus puntos fuertes. Así que Stacey y yo, aprovechando que Domini había salido, le limpiamos todo el apartamento. Añadimos una decoración nueva, luminosa y alegre. Encendimos velas e incienso hasta que nos quedamos sin olfato. ¡A Domini le encantó su apartamento! Se deleitó con el olor a flores y se encantó con cada chuchería nueva que se encontraba por aquí y por allá en el apartamento.

Domini también había dicho que le gustaría comer langosta en la cena. No había tenido mucha oportunidad de disfrutar las cosas buenas de la vida. Ahora estaba aprovechando su tiempo para hacer eso exactamente. Arreglar lo de la langosta no fue tan difícil. La llevamos a comer y hablamos de cuando teníamos dieciséis años.

Cuando somos jóvenes, no podemos imaginarnos que un día nuestra vida va a terminar. No pensamos qué es lo que quisiéramos comer en nuestra última cena, ni qué les diríamos a los que vamos a dejar atrás. Tenemos todo el tiempo del mundo, y vivimos intrépidamente. Tampoco nos damos cuenta de que las decisiones que tomamos cuando somos adolescentes pueden afectar nuestras vidas.

Mientras cenábamos, hablamos con la sabiduría de tres mujeres que habían aprendido con los golpes de la vida. A los dieciséis años, creíamos que sabíamos todo lo que teníamos que saber, que habíamos hecho todo lo que había por hacer, y que un día tendríamos todo lo que deseáramos. Ahora, las tres estuvimos de acuerdo en que ser joven es una bendición y una maldición. No tienes preocupaciones ni obligaciones, pero te falta el sentido común cuando más lo necesitas. Nos reímos y lloramos acordándonos de cómo habíamos ido creciendo, y luego llevamos a Dom a su apartamento para que descansara.

Pocas semanas antes de que Domini cumpliera los treinta y un años, hicimos una fiesta como las de antes en su honor, para que así pudiera pasar un rato con sus viejas amistades. Tiene tanto valor decir las cosas que hay que decir mientras las personas que uno quiere están entre nosotros. Significa mucho. Mis guías me dieron la fecha del 22 de marzo, y Stacey y yo la anotamos en nuestros calendarios. Me dijeron que ese día algo crucial iba a suceder en la vida de Domini. Yo sabía que no se nos iba a ir ese día, así que me preparé para lo que fuera.

El 22 de marzo vino y aparentemente no sucedió nada. Stacey y yo no entendíamos qué era lo que los guías habían querido decir. Al día siguiente recibí una llamada de Dominic, el ex esposo de Domini. Dijo que a Domini le habían dado unas convulsiones la noche anterior y que la habían ingresado en un hospicio. Hasta ese momento, ella había hecho todo lo posible por no entrar en el hospicio. Aunque necesitaba cuidados, había escogido sufrir en su propia casa. Sabía en el fondo de su corazón que una vez que entrara no saldría de nuevo. Por supuesto, su presentimiento se cumplió.

A las dos de la tarde del 2 de abril, mis guías me indi-
caron que fuera a verla. Hasta me enseñaron la ruta que
necesitaba seguir para verla. Tenía varias clientas a
quienes iba a consultar y, como siempre, estaba corriendo de aquí para allá tratando de hacer demasiadas
cosas a la vez. Miré el reloj alrededor de las 4:15 p.m.
Cada minuto que pasaba miraba el reloj sin falta.

"¿Qué?", les pregunté a mis guías. "*Judge Judy** casi
se ha terminado. ¿Qué pasa?" Fui a una cita que tenía y
cuando regresé a casa me sentía débil. Todo parecía
como si fuera en cámara lenta. Entré por la puerta del
garaje. Miré hacia delante y vi que mi esposo caminaba
hacia mí. Sacudí la cabeza y dije:

—Domini falleció, ¿verdad?

—Sí —respondió Joe—, falleció esta tarde a las tres
menos diez.

A veces pienso que no me merezco mis guías. Tenía
tantas cosas en mi mente que ignoré completamente las
señales. Habían tratado de llevarme a ver a mi amiga
para que me despidiera por última vez, y los había des-
cartado. Trataron de avisarme de que ella se iba, y yo estuve demasiado ocupada para recibir su mensaje.

Al día siguiente de su fallecimiento, una información
del más allá me dijo que había un anillo en una caja
blanca que era para la hija de Domini, Marissa. Domini
no se había ocupado de esos detalles después de que le

---

* Un programa de la televisión. (N. del T.)

diagnosticaron el cáncer, y no había arreglado las cosas para que Marissa recibiera el anillo, pero el hecho era muy importante para ella. Domini era la eterna optimista y pensaba que iba a poder vencer el cáncer. Una de las formas en que trataba de mantenerse viva era no ocuparse de lo que estaba pendiente.

Ésta es una práctica común entre los que están por partir. Muchos sienten que la muerte no les va a llegar si no se despiden. Desafortunadamente, no sucede así.

Me dijeron que la caja blanca estaba metida debajo de un colchón, o escondida cerca. Podía ver un colchón; una mano lo levantaba por una punta y señalaba. Tenía que interpretar la visión. Era obvio que Dominic tenía que mirar debajo del colchón, así que lo llamé para hacerle llegar la información.

Me sentí terriblemente mal cuando llamé a Dominic, porque él se había ocupado de Dom durante sus últimos días y tenía que lidiar con el dolor de su muerte. Yo estaba presente cuando ellos se conocieron trece años antes. Aunque no estaban completamente de acuerdo en todo, él nunca dejó de quererla y no podía dejar de pensar en ella porque tenían muchas cosas en común. Además del nombre, también compartían la misma fecha de cumpleaños.

Si estás pensando por qué Dominic fue el que se ocupó de ella y no su nuevo esposo, es porque el segundo esposo desapareció del panorama en cuanto Domini se enfermó. Parece ser que para él ya no era muy divertido estar con ella. Un par de meses antes de que ella muriera, él presentó el divorcio. Afortunadamente para él, el divorcio no se había finalizado así que podía recibir beneficios por la muerte de ella. Tengo una palabra para él: *karma.*

Dominic me llamó luego ese día. Había encontrado la caja con el anillo, metida entre el colchón y la mesa de noche. Le dije:

—¿La caja es blanca? Porque si no es una caja blanca, no voy a estar segura. —Puedo ser un poco exigente con mi don. Además, mi querida amiga había fallecido y quería estar absolutamente segura de que yo estaba recibiendo claramente su mensaje.

—Sí, Allison, es blanca, tal y como tú dijiste.

Dominic pareció animarse al saber que Domini se comunicaba con nosotros. Estaba enviando a sus seres queridos el mensaje de que se encontraba bien. Más importante aún, le estaba entregando su anillo a su hijita Marissa, con un mensaje de amor desde el más allá.

🐚 🐚 🐚

La mayor parte de la gente espera que una médium maneje el fallecimiento de una amistad suya con mucha más gracia que la persona promedio. Pero después que Domini falleció, yo me sentí como cualquier otra persona que pasa por un momento doloroso. Me sentí como si me hubieran agarrado con la guardia baja.

Siempre he visto a los que se han ido asistir a sus propios funerales, y eso siempre me ha hecho sentir reconfortada. En el funeral de Domini, no tuve ese consuelo.

Mientras miraba a sus hijas jugar en el cementerio, ajenos a la enormidad de la ocasión, me sentí como si me hubieran golpeado en el pecho. Me parecía que los niñas corrían en cámara lenta, y su risa me resultaba inquietante. Al pararme al lado del féretro de Domini, pude sentir el peso de su cuerpo dentro del mismo, junto con su cáncer. Me sentí mal y traté de recordarla cómo era antes de que el cáncer invadiera su cuerpo.

Pienso en Domini todo el tiempo. Recuerdo el sentimiento que su cáncer provocaba en mí, y me acuerdo de la última vez que nos sentamos juntas antes de que se fuera. No quería irme en aquel momento porque sabía que nunca más la volvería a ver viva. Físicamente, el cáncer la había reducido a una sombra de lo que era antes. Mientras la abrazaba, temía romperla de lo frágil que estaba. Despedirse cuando uno sabe que va a ser el último adiós es algo incomparablemente triste.

Sé que Domini ya no siente dolor; que está repuesta y que es vivaz de nuevo. Aún así, aunque sé que está en un lugar mejor, siento que su energía, la que yo conocía, se ha ido de mi mundo.

También me siento culpable. Domini había acabado de tener un bebé un año antes de morir. La vi enseguida después de que dio a luz y le dije que algo andaba mal en su cuerpo. Insistió que era porque había acabado de dar a luz. Le dije que no era por el nacimiento del bebé. Insistí y le dije que me prometiera que vería a un médico. A regañadientes, me lo prometió, pero después me dijo que había visto a un médico y que este le había dicho que estaba bien.

Aquí es donde surge la dificultad. Sé que no hubiera podido cambiar el desenlace final de la vida de Dom, pero una parte de mí siente que, al igual que lo he hecho por otras personas, debí haber intervenido en su nombre. Pero esto no iba a suceder. Domini había sentido mucho dolor durante su embarazo, pero su médico pensaba que era por su estado. Cuando la diagnosticaron ya era muy tarde: el cáncer era inoperable. Yo también tengo que aprender que una no se puede culpar a sí misma cuando pierde un ser querido. Algunas veces, está fuera de nuestras manos.

Las dos hijas más pequeños de Domini no la recordarán con claridad, pero no dudo que recibirán la visita de su mamá de vez en cuando. Ella no aceptaría que fuera de otro modo.

Trato de recordar que todo tiene su razón de ser, pero soy humana y siento una gran tristeza cuando la vida de una persona se acorta. También he aprendido que es correcto sentirse afligido. Llorar y preguntarse por qué es una forma saludable de lidiar con el dolor. Quiero animar a otras personas a que hablen con sus seres queridos en el más allá. No solamente te escucharán; también te responderán, de un modo u otro.

Cuando alguien se va antes de tiempo, aprecio enormemente mi capacidad para reconfortar a los que se han quedado aquí, ya que la herida de esas personas es muy dolorosa. A los seres queridos que permanecen atrás para llorar al que se fue les quedan muchas preguntas sin respuesta. Una de las principales es, "¿Por qué me dejaste?".

La respuesta puede ser un antídoto para el dolor, o puede aumentar el sentimiento de pérdida. Es un consuelo saber que nos mantenemos conectados aún más allá de la muerte, y que cada comienzo y cada final tiene su razón de ser. Por favor, recuerda que tu ser querido simplemente "tuvo que irse primero". Ellos te darán la bienvenida cuando llegue tu turno y será como ninguna otra reunión familiar en la que hayas participado.

Nuestros seres queridos que cruzan al más allá pasan por la vida junto con nosotros. Son una energía adicional cuando la necesitas. Cuando necesites fortaleza, puedes llamar a tu abuelo en el más allá para que te dé fortaleza y te guíe. Cuando necesites paciencia, puedes pedirle a tu mamá que te dé calma. Sé que cuando tomo las cosas con mucha seriedad, Domini es el estallido de energía divertida que me dice que tome las cosas más a la ligera. Permíteles a tus seres queridos que formen parte de ti y que te sirvan de inspiración en la vida.

Una vez tuve la oportunidad de consultar a un señor muy agradable y a su esposa. Le pregunté si él tenía un hermano en el más allá que había muerto de niño.

Me dijo que no.

—Qué extraño —le dije—, porque lo que siento es una energía de hermano.

—Oh —me dijo—, tenía un sobrino que murió cuando tenía doce años. Éramos casi de la misma edad; éramos como hermanos. Crecimos juntos. Se llamaba Martin.

—¿Usaba aparatos ortopédicos en las piernas?

—Sí, así es— dijo el tío de Martin.

Martin dijo estar preocupado por sus padres. Le preocupaba que la muerte de él hubiese creado un distanciamiento entre ellos, y explicó en detalle cómo todavía estaban afligidos por su desaparición. Quería que tuvieran un cierre emocional. Le expliqué a Martin que sus padres no estarían receptivos a esto. Martin continuaba dándome dos nombres, Robert y Bobby. Me volví al tío de Martin y le pregunté:

—¿Quiénes son Robert y Bobby? Martin persiste.

—Martin no es el primer nombre de mi sobrino. Su primer nombre es Robert y su segundo nombre es Martin. Bobby es el nombre del papá de Martin.

Martin estaba extremadamente preocupado por el bienestar de su papá y tenía muchos recuerdos llenos de nostalgia que quería compartir con su tío. Este, a su vez, deseaba llevar el mensaje de Martin a sus padres. Tenía la esperanza de que Bobby estuviera dispuesto a oír. Algunas personas no están listas para recibir los mensajes del más allá, y otras no están listas para pasar mensajes que vienen del más allá. Es una pena, porque cuando los seres de ambos lados están dispuestos a participar en una "reunión", hay una gran oportunidad de sanar y de que pueda producirse un cierre emocional. Es saludable mantenerse abierto a las posibilidades que presenta la vida.

¿Siguen viviendo las mascotas?

Recientemente, me encontré con un dilema personal. Mi viejo gato, Sinbad, estaba enfermo y no tenía buen aspecto. Me considero una persona compasiva y siempre he tratado de actuar debidamente en la vida. Sinbad no estaba bien y se estaba deteriorando físicamente. ¡Pero estaba conmigo desde hacía once años! Cuando mi mamá lo encontró, estaba herido debido a que lo habían atacado unos coyotes; mi madre lo cuidó hasta que se puso bien. Era un gato joven, pero ya adulto, así que no estábamos seguros de qué edad tenía exactamente; probablemente entre trece y dieciséis años.

Sinbad había sobrevivido al ataque de los coyotes. ¿Por qué debía yo ser la causa de su desaparición? Sentía que Sinbad sufría, pero no quería robarle el tiempo que le quedaba. Sabía que si lo llevaba al veterinario no lo traería de vuelta a casa. Le encantaba echarse en el césped en la parte del frente de nuestro jardín y disfrutaba tomando el sol. Trato con el más allá a diario y sé que es un lugar bondadoso y bello, pero amaba a mi gato y no estaba preparada para perderlo. ¿Qué querría él que yo hiciera?

Temía tomar la decisión equivocada. Sinbad era un miembro de la familia. Era viernes por la noche y decidí hablar con mis guías, porque no podía tomar una decisión como esa sin ayuda. Algunas personas no entienden el significado de los animales que se crían en casa, pero yo sí. Sinbad era importante. Les pregunté a mis guías qué debía hacer y me dieron alguna información, pero nada fuera de lo normal. Me frustré y les dije a mis guías, "Ustedes hacen posible que yo les dé a otras personas respuestas claras a sus problemas. Puedo transmitir mensajes y proveerles paz mental a otros, entonces, ¿por qué no a mí misma? Necesito algo especial, algo mágico".

No hay nada como un médium joven al que le da un berrinche con el más allá. Después de horas de reflexión me quedé dormida, dando vueltas en la cama. Esa noche, recibí exactamente lo que había pedido. Me llegó en la forma de un sueño increíble. (Cualquiera que me conozca sabe que es muy extraño que yo sueñe.) En aquel momento no estaba consciente de que era un sueño, ya que parecía tan real:

Mi amiga Domini estaba viva y nos encontrábamos en su apartamento. Yo estaba mirando mis álbumes de fotos y noté que todo estaba más limpio que de costumbre en el apartamento de Domini. La vi darle la vuelta a la esquina y caminar hacia mí. Se veía más joven que yo, aunque yo sabía que me llevaba dos años. Yo siempre había sido la bebé dentro de mi grupo de amigas. Domini llevaba el pelo recogido hacia atrás en una cola de caballo rubia. Sus ojos azules de niña tenían destellos de luz dorada y lucía impecable. Entonces entra Dominic. Le pasa por el lado a ella y se rozan los hombros, pero ninguno de los dos titubea. Dominic atraviesa el apartamento, entra en otra habitación y cierra la puerta.

Mientras tanto, Domini estaba en la sala jugando con un bebé, no estoy segura de quién. Yo estaba cansada y decidí irme a casa, así que recogí mis álbumes de fotos y me encaminé hacia la puerta. Domini me dijo, "¡Ali! ¡Espera!". Me hizo un ademán para que regresara. Caminé hacia donde ella estaba y puse los libros en la mesa. Domini empezó a hojear las páginas de mis libros y ocasionalmente me miraba y sonreía complacida. Le dije que me tenía que ir y salí por la puerta, pero ahora, en vez de estar en el corredor, estaba en el vestíbulo de la consulta de un veterinario. Me volví para preguntarle a Domini qué estaba pasando. Se sonrió e inclinó la cabeza hacia mí.

Me desperté sobresaltada y me senté en la cama. Mi primera reacción fue llamar a Domini y decirle que había soñado con ella, pero entonces me acordé de que había fallecido tres meses antes. Les había pedido a mis guías una señal milagrosa. La que me habían dado tenía muchos significados para mí. De los muchos eventos en el sueño que tenían un significado personal para mí, dos mensajes se destacaban notablemente. Primero, Domini me estaba haciendo saber que ella todavía funcionaba alrededor de Dominic y que estaba todavía con él. Antes de fallecer, Domini me dijo que estaba segura de que iba a poder contactarme desde el más allá. También me dijo que la consolaba el saber que iba a poder comunicarse con sus seres queridos.

Al enseñarme la consulta del veterinario, Domini trataba de hacerme saber que Sinbad iba a estar bien, que llevarlo al veterinario era lo mejor que podía hacer por él. Domini me decía que ella se ocuparía de él. Poco tiempo después de mi sueño, llevamos a Sinbad al veterinario para que lo pusieran a dormir. El veterinario nos dijo que tenía cáncer intestinal y que no podían hacer nada por él. Lo queríamos lo suficiente como para dejarlo ir. Aunque sabía que Sinbad se iba a ir ese año, el dolor no fue menos por el hecho de que lo supiera con anticipación.

Irónicamente, nuestro nuevo gato vino a través de Domini. Cuando su enfermedad avanzó, no pudo ocuparse más de unos gatitos que tenía, así que yo había traído uno de ellos a casa para mis hijos. Le pusimos César a ese gatito. Todavía lo tenemos, y mi familia lo trata como a un pequeño rey. Es como la brisa fresca. Me encanta saber que César está lleno de vida, al igual que lo estaba Domini. Lo único que no me gusta de él es su tendencia a saltar sobre mi cabeza por la madrugada y a despeinarme con sus patas. No me puedo acostumbrar a esto. Pero nos parece apropiado el hecho de que tengamos uno de los gatos de Domini. Estoy segura de que ella está ocupándose de Sinbad en el más allá, aunque quizás él es un poco meloso para la personalidad tan enérgica de Domini.

Las mascotas han sido un factor significativo en muchas de mis consultas. Son parte de nuestras vidas y muchas personas las consideran miembros de la familia. Aunque ya sabía que los gatos y los perros se comunicaban desde el más allá, no estaba consciente de que los pájaros podían hacerlo hasta que me tropecé con un pequeño miembro de una familia durante una consulta.

La clienta era una mujer muy cómica y llena de energía, y había perdido a alguien recientemente, aunque no me dijo quién era. Me senté con ella un momento e inmediatamente vi la imagen clara de una mujer con el pelo teñido, vestida con un traje suelto hawaiano estampado y con una guirnalda hawaiana puesta. Me fue difícil suprimir la sonrisa de mi rostro, pues la mujer era extremadamente divertida. Le dije a mi clienta que la mujer era una figura maternal y le pregunté si iba a ir a Hawai o si acababa de llegar de allá.

Mi clienta se quedó boquiabierta.

—Íbamos a ir a Hawai juntos, y mi suegra falleció antes del viaje—. Ella estaba obviamente conmovida por el hecho de que su suegra confirmara el tan anhelado viaje.

Entonces vi algo que nunca antes había visto. Había un pájaro posado en uno de los dedos de la suegra. Lucía muy encariñada con él, así que le pregunté:

—¿Tenía ella tenía un pajarito? Porque me está enseñando uno posado en uno de sus dedos.

—Sí —me respondió—. Tenía dos pájaros, Ike y Tina. Tina se murió más o menos en la época en que mi suegra falleció.

Nunca antes había visto en el más allá una mascota que no fuera un gato, un perro o un caballo, pero ahora había visto un pájaro. Esto le sirvió como corroboración adicional a mi clienta, y en verdad la conectó con su suegra en el más allá.

CAPÍTULO 13

Una vez en la vida

Cuando le hablé a Diane para incluir su lectura en mi libro, me dijo que sería un honor para ella. Pero en realidad soy yo la que se siente honrada de haber conocido a una mujer tan fuerte y encantadora. Diane espera que su historia brinde consuelo a otras personas que han enfrentado retos semejantes. Este capítulo también podría ayudar a entender qué es una lectura a aquellos que nunca han participado en una. ¡La historia de Diane les dará una idea de lo que puede ocurrir cuando se visita el más allá.

Diane era una jovencita de ojos claros y espíritu libre que hacía amistades fácilmente. Jim era un joven vibrante, afectuoso y bien parecido. Se conocieron en el bachillerato en 1968. Ella tenía quince años y él diecisiete. Se separaron cuando Jim se fue al servicio militar, pero se reunieron unos años después y se casaron al mes siguiente. Eran felices y se dedicaron de lleno a su nueva familia.

En los años setenta, a los cinco años y dos meses de su feliz matrimonio, se les acabó el tiempo que compartían.

Adelantemos ahora hasta 2001, cuando yo la conocí. Diane se presentó a una sesión de grupo con la esperanza de saber de alguien especial en el más allá. Me acerqué a ella y la abracé; entonces ocupamos nuestros asientos para comenzar la sesión. Cuando llegó el turno de Diane, me preguntó si yo veía a alguien junto a ella. Le dije que veía a un hombre que parecía de la época de principios de los años setenta, con bigote, pero sin barba. Él estaba hablando de que le daba gran importancia a su cabello, que era más largo a los lados que en la parte de atrás. Vestía unos *jeans* apretados y tenía un lindo trasero. Era sumamente atractivo, con una sonrisa arrasadora. Era alto, delgado y ancho de hombros, y me estaba mostrando una guitarra acústica.

—Ese es mi esposo, Jim —dijo Diane—. Tenía bigote, pero no llevaba barba porque nunca le creció —agregó en tono divertido.

—Murió de un golpe en la cabeza a manos de otra persona —le dije.

Diane confirmó eso y añadió que Jim había fallecido en los setenta.

—Sigue mostrándome una habitación llena de humo, como si fuera un bar. —Diane dijo que Jim había encontrado a sus asesinos en un bar.

—Me está diciendo que hubo una mujer involucrada en su asesinato. Dice que él no murió de inmediato. También dice que las personas responsables fueron condenadas por un cargo menor, pero que todavía están pagando por lo que le hicieron a él. —Diane dijo que, realmente, hubo una mujer involucrada en el asesinato de Jim, que los responsables fueron condenados por un cargo menor y que Jim no había muerto de inmediato.

Jim me comunicó que le dijera a Diane que lo sentía. Diane dijo que ella comprendía todo y que no lo sintiera. Le dije que Jim decía que siempre supo que ella era una mujer inteligente, y que me estaba revelando que él había sabido de antemano que le había llegado su hora. Diane respondió que Jim siempre había dicho que pensaba que iba a morir antes de cumplir los treinta años, y que tenía veintiséis cuando falleció. A menudo la gente tiene una intuición de cuándo su vida tocará a su fin.

Cuando yo la entrevistaba para este libro, Diane reveló los sucesos que condujeron a la muerte de Jim. Estoy presentando estos detalles para que los jóvenes se den cuenta de que tienen que ser cuidadosos en cuanto a las personas en quienes depositan su confianza. La gente puede cambiar en cualquier momento. Espero que la historia de Jim pueda hacerlos prestar más atención a su seguridad personal.

Diane compartió gustosa esta historia porque la ayuda hablar acerca de lo que le sucedió a su esposo. Siempre hay seres queridos que se quedan sufriendo las consecuencias de actos egoístas y violentos como el que provocó la muerte de Jim. Los sobrevivientes necesitan un cierre emocional y recordar a los que han perdido.

Esta es mi forma de recordar a Jim por lo buena persona que fue. Jim ya no está entre nosotros ahora, pero algún día sus asesinos tendrán que responder por lo que han hecho. A pesar de que creo en un Dios de amor, también creo en un Dios de justicia. Al final, los actos de violencia criminal no se olvidan.

Las personas que mataron a Jim eran conocidos de él, pero él confiaba en ellos porque tenía una naturaleza confiada. Quienes nunca harían daño a los demás, por lo general suponen que todo el mundo valora la vida humana igual que ellos. Desgraciadamente, no es así.

Jim se subió a un automóvil con una mujer y dos hombres a quienes había conocido en un bar; fueron a ver si un amigo común estaba en su casa, pero no lo encontraron allí. Estaban regresando al bar cuando surgió una disputa entre dos de los pasajeros. El conductor detuvo el vehículo a una cuadra del bar, frenando de tal forma que el ruido de los frenos despertó a un matrimonio que estaba durmiendo en una casa cercana. Los testigos vieron a Jim y al conductor salir del auto. El conductor le propinó a Jim una patada de karate en la cabeza tan fuerte que lo tiró al suelo. Entonces la mujer se unió al asalto y empezó a patear repetidamente a Jim en la cabeza con sus zapatos de plataforma.

Otro hombre salió del vehículo y también pateó a Jim. Luego, se agarró del parachoques del auto para sostenerse mientras saltaba sobre la cabeza ya herida de Jim. El primer atacante haló al segundo para separarlo de Jim y se fueron huyendo en el auto. Una de las vecinas que presenció el ataque corrió a ayudar a Jim y lo sostuvo mientras esperaba que llegaran los paramédicos. Las únicas palabras de Jim a esa mujer fueron:

—¿Dónde está mi esposa?

Jim recobró el conocimiento en el hospital, donde identificó a sus atacantes (quienes después fueron arrestados). Jim también le dijo a Diane que llamara a su mamá para poder hablar con ella. Jim estaba muy encariñado con la madre de Diane y la consideraba como su propia madre. La llamó y le dijo débilmente:

—Mamá, voy para casa.

Independientemente de lo que quiso decir con esas palabras, Jim murió a las dos semanas. Diane estaba segura de que él sabía que no iba a salvarse.

Mientras yo estaba entrevistando a Diane para mi libro, ella me dijo que tres días antes de conocernos, Jim se le había presentado en un sueño. A veces es más fácil para los espíritus llegar a nosotros en sueños, ya que no estamos en guardia cuando dormimos.

En nuestra sesión de grupo, le dije a Diane que Jim había llegado hasta ella en un sueño; esto le sirvió de prueba. En su sueño, Jim la rodeó con sus brazos mientras decía:

—He esperado mucho tiempo por esto.

Para aclarar la interpretación que hizo Diane de esta frase, voy a dar antes una breve explicación. Antes de nuestra lectura, Diane se había puesto en contacto con un programa de televisión donde se presentaba una médium; ella quería ir, con la esperanza de encontrar un cierre emocional a la muerte de su marido. Sus hijos habían revisado los mensajes telefónicos y, al parecer, se había borrado la información que le habían dejado sobre el programa. Diane estaba disgustada por haber perdido la oportunidad. Una colega le habló de mis sesiones de grupo; y ya sabemos lo que pasó después.

Diane sentía que en varias ocasiones Jim había tratado de conducirla a una tercera persona (un médium) para que recibiera confirmación de su presencia. Ella dijo estar segura de que lo que debía hacer era visitar a un médium. Diane entendió que la afirmación de Jim quería decir que él había estado esperando durante mucho tiempo para que ella recibiera validación y cierre emocional.

Durante la lectura de Diane, yo le había dado un mensaje de parte de Jim. Sólo mucho después me dijo lo que eso significaba. Le dije que Jim había hablado de un hombre de pelo negro en quien él no confiaba. Jim me transmitió que le dijera a ella:

—Él no ha cambiado, así que no te dejes engañar.

Diane decía que fue esto lo que la convenció por completo de que Jim había llegado hasta ella. Dijo que su esposo era un hombre agradable que confiaba absolutamente en todo el mundo, excepto en un pariente suyo; Jim desconfiaba tanto de este individuo que le tenía prohibido entrar en su casa.

Este pariente vino a verlo al hospital después del ataque. Tan pronto se fue de la habitación del hospital, Jim agarró a Diane por el cuello de la blusa, la haló hacia él y le susurró al oído:

—No confíes en él, no ha cambiado, así que no te dejes engañar.

Jim me había dado las palabras que tanto significaban para Diane. Sólo había tres personas que conocían este suceso: Jim, Diane y la madre de ella. Diane jamás le había contado la historia a nadie, hasta ahora.

Al acercarse a mí, Jim dio a conocer que era importante para él reconocer a una hija, de forma que le pregunté a Diane si él tenía una hija. Ella vaciló y me dijo que sí, que tenía una hijastra. Jim se agitó un poco con esta respuesta y comunicó a través de mí que él la consideraba como su propia hija. Se lo dije a Diane y ella sonrió. Comentó que Jim solía enfadarse cuando la gente decía que Angie era su hijastra y él siempre los corregía. Incluso en la muerte, sus sentimientos no habían cambiado.

Le sugerí a Diane que le hiciera saber a Angie que Jim decía que él jugaba con sus nietos. (Después de la lectura, Diane le transmitió esto a Angie, quien dijo que ya ella lo sabía. Dijo que sus niños siempre parecían divertidos con algo que, aparentemente, no estaba allí.) Diane dijo a continuación que ella tiene seis nietos, pero Jim la corrigió de inmediato:

—No tú... nosotros tenemos seis nietos.

Jim sentía un amor profundo por su hija, Angie. Cuando estaba vivo le había dicho a Diane que él no habría sido capaz de tener una hija tan bella como Angie, por lo que otra persona había tenido que traerla al mundo para que él la criara. Angie tenía un año cuando Jim llegó a su vida.

Pude enterarme de muchas cosas a través del espíritu de Jim. Él me había mostrado una guitarra acústica al comienzo de nuestra lectura. El padre de Jim tocaba guitarra acústica y Jim solía sentarse junto a él mientras grababa su música. El hijo de Jim también tocaba la guitarra cuando era jovencito, así que la guitarra podría haber simbolizado un par de cosas, mostrando la conexión entre abuelo, hijo y nieto. También fue agradable ver que Jim y su padre estaban juntos en el más allá.

Sobre todo a las personas jóvenes les resulta especialmente difícil perder a un ser querido. Todos quisiéramos pensar que un espíritu visitante consolaría a la persona viva, pero muchas veces esto no sucede. Cuando una persona viva está llorando el fallecimiento de un ser querido, el espíritu tiende a estar cerca para brindar apoyo.

En ocasiones esto puede ser un dilema sin salida. Cuando la energía de un espíritu está alrededor de nosotros, podemos sentirla. Ansiamos la presencia de aquellos a quienes extrañamos, pero no nos damos cuenta de que ellos, en realidad, están junto a nosotros, pasan el tiempo junto a nosotros, sienten nuestro dolor. Al sentir toda esa tristeza, el espíritu va a poner todo su esfuerzo en producir energía para consolarnos, lo que puede causar todo tipo de reacciones en el sobreviviente: imágenes que pasan como un relámpago por la mente, sentir en la cabeza la melodía de una canción, sentir una corriente de aire, sentir como si alguien nos tocara.

A veces esto puede hacer que la persona viva añore aun más al ser querido desaparecido, lo que causa un dolor aun mayor. No creo que los espíritus se den cuenta de que su presencia está empeorando el dolor provocado por su pérdida. El mismo efecto puede sentirse cuando un espíritu quiere estar cerca de sus seres queridos, y entonces los vivos se asombran de que, de pronto, están pensando en la persona fallecida.

En esta situación, una reacción normal es "No he pensado en esa persona en mucho tiempo. Me pregunto qué es lo que puede haber provocado ese recuerdo". En realidad, la energía que nos visita nos ha hecho recobrar sentimientos y recuerdos que rodean a ese ser desaparecido. Si aceptamos la idea de que nuestros seres queridos permanecen con nosotros después de la muerte, podemos entender la relación que tenemos con ellos luego de su desaparición física.

Si no puedes aceptar esta idea, por lo menos entiende que tú y aquellos seres amados que se han ido al más allá, estarán juntos de nuevo cuando te llegue tu hora y te inviten al más allá. No sientas prisa por efectuar esa reunión. Estamos aquí para aprender y disfrutar de la vida, y para cada uno de nosotros, nuestro día llegará.

Jim fue el único espíritu que le traje a Diane aquel día; él era el visitante que ella esperaba. Él es, por mucho, una de mis personas favoritas en el más allá. Tiene el corazón de Santa Claus, la confianza de un niño y el humor de un amigo que siempre está tratando de alegrarte cuando te sientes triste. No puedo hacerle justicia a través de mi descripción, pues hay personas a quienes las palabras no alcanzan a describir. Cuando Jim comenzó a recoger su energía, lo último que le dijo a Diane fue:

—Siempre estaremos juntos, y cuando llegue el día en que tú vengas, yo estaré aquí para recibirte.

Jim me enseñó su mano, extendida amorosamente para tomar la de Diane, como para ayudarla a salir de una vida y entrar en otra (pero no por ahora). Diane sintió que algo había concluido y expresó satisfacción. Después de su lectura, dijo que había quedado totalmente inmersa en un agradable sentimiento de calma y de paz. Diane es una de las razones por las cuales continúo haciendo lo que hago.

CAPÍTULO 14

Un bebé

Cuando Domini supo que se estaba muriendo, se puso en contacto con sus antiguas amigas, una de las cuales era Stacey. Conozco a Stacey desde hace trece años, a través de mi amistad con Domini. Durante nuestros años de adolescencia nos reuníamos frecuentemente, pero no nos habíamos hecho grandes amigas.

Domini estaba en casa de Stacey preparándose para una fiesta que yo daba en su honor, para que pudiera estar junto a la "antigua pandilla" antes de morir. Domini nos puso en una situación difícil cuando le dio el teléfono a Stacey y nos obligó a conversar con ella. Resultó ser que Stacey y yo vivíamos a sólo un par de millas de distancia y ambas tenemos el mismo sarcástico sentido del humor. Curiosamente, Stacey y yo hicimos buena liga y decidímos que a la semana siguiente íbamos a encontramos para que nuestros hijos jugaran juntos.

Stacey estaba esperando su segundo hijo, a quien ya ella había decidido que iba a llamar Trevor, y como cualquier emocionada mamá estaba deseosa de mostrar las imágenes de ultrasonido de su bebé. Me las dio y admiré el pequeño cuerpecito.

—Domini me dijo lo que haces. ¿Tiene algún problema mi bebé? —me preguntó Stacey.

Vacilé y luego pasé mi mano por encima del ultrasonido; la mano se detuvo alrededor de la parte inferior del abdomen.

—Hasta aquí está perfecto —dije, señalando hacia sus riñones.

Stacey dijo:

—Oh, sí, el médico dijo que un riñón es más grande que el otro, pero me aseguraron que eso es normal en los varones, y que se arreglará por sí solo en el útero.

No sabía si responder con la verdad e inquietar a una mujer embarazada de quien pensaba hacerme amiga, o mentir y dejar que Stacey descubriera todo más tarde durante el embarazo. Pero ella misma me empujó a hablar:

—Puedes decírmelo.

—Bueno, tiene un problema serio en los riñones, pero es corregible. Existe un procedimiento médico que puede hacerse en el útero.

Stacey dijo:

—¿Quieres decir que van a tener que entrar en mi vientre? Me dijeron que no tendrían que hacer nada antes de que naciera, y que el defecto se corregiría por sí mismo en el útero.

Stacey se quedó claramente preocupada con esta información, y con razón. Me preguntó qué otra cosa yo veía. Le dije que después de que Trevor naciera tendrían que practicarle otra operación, bastante común, y que entonces ya quedaría bien.

Stacey se sintió lo bastante ansiosa como para ir a hacerse una revisión médica adelantada de su embarazo, pero estaba realmente segura de que el doctor le diría que el riñón se había autocorregido. Por desgracia, no fue así. La enfermera llamó al médico de Stacey para que examinara el problema. Le informaron que los riñones del bebé estaban distendidos, y también lo estaba su vejiga. Las pruebas confirmaron que tal vez estaba experimentando un fallo renal y que su nivel de fluido amniótico estaba bajo. La refirieron a un especialista, quien le dijo que las perspectivas no eran buenas.

Stacey me llamó llorando.

—Tenías razón, hay un problema.

Esta fue una de esas ocasiones en las que me hubiera alegrado muchísimo haberme equivocado.

El médico seguía diciendo, "Lo siento, Stacey", y ella le preguntó si había alguna posibilidad de que Trevor pudiera sobrevivir. El médico le dijo:

—Voy a hablar con mi colega y te responderé.

Los doctores querían hacer una prueba nueva del fluido, y esta vez los resultados fueron aun peores. Stacey me llamó en busca de consuelo, pero todo lo que pude decirle fue:

—El niño va a estar bien, Stacey. Esta es una de las experiencias más difíciles por las que pasarás en tu vida, pero puedo decirte que Trevor nacerá y que estará bien.

Yo temía parecer una sabelotodo cruel y condescendiente, pero sabía que lo que le estaba diciendo era la verdad.

Llegué a hablarle a Stacey de su abuelo, que estaba en el más allá "arreglando" (una palabra que ella dijo que él usaba) las cosas a favor de Trevor. Su abuelo me transmitió detalles, uno de los cuales fue que nadie le estaba dando cuerda a su reloj mecánico, y él quería que Stacey se ocupara de eso. Le dije que era el reloj marrón con grandes hojas de arce negro. Stacey dijo saber exactamente de cual yo le estaba hablando. Comunicarle esta información importante validó algo personal entre Stacey y su abuelo.

Él también quería que ella supiera que no estaba sola, y que estaba haciendo todo lo posible desde el más allá. Me senté a hablar por teléfono con ella y la oí sollozar incontrolablemente; sentía que no podía hacer otra cosa que estar ahí, apoyándola.

Al cabo de una semana, el nuevo especialista de Stacey, el Dr. Foley, sugirió un procedimiento innovador que se estaba usando en Inglaterra. Consistía en llegar hasta el abdomen del bebé e insertarle en la vejiga un tubo de desvío que permitiría el paso de la orina y produciría el fluido amniótico necesario para mantenerlo vivo hasta que naciera. Se programó la cirugía para el día siguiente al Día de Acción de Gracias; Stacey estaba muy inquieta.

Todo fue bien hasta que el desvío se rompió. El Dr. Foley sólo había visto suceder esto una vez anteriormente, y no había desvío de reemplazo, así que el procedimiento no tuvo éxito. Cuando Stacey ya había perdido toda esperanza de poder ver vivo a su bebé algún día, el compasivo Dr. Foley la miró y le dijo:

—Déjeme ser su esperanza.

Por supuesto que Stacey no tenía ningún deseo de agradecer nada ese año. Me llamó alterada, preocupada de que Trevor ni siquiera pudiese sobrevivir al fin de semana. Su fluido amniótico había bajado de forma peligrosa y no podría respirar si se le acababa. Traté de consolarla.

—El niño está bien. Es un bebé dulce, pero también es muy fuerte.

Stacey quería creerme, pero ¿cómo iba a sentirse optimista a estas alturas? El lunes el médico de Stacey realizó otro ultrasonido. Stacey estaba esperando oír que el estado de salud de Trevor era el mismo, o quizás que ni siquiera había sobrevivido. Ella no se esperaba lo que sucedió después. El médico señaló emocionado el aumento del fluido amniótico; ahora estaba a un nivel normal. Anteriormente sólo había visto suceder esto una vez, y el caso estaba registrado en la literatura médica. Trevor era un milagro. Sin embargo, Stacey no quería dejarse llevar por lo que podrían ser falsas esperanzas.

Yo me compenetré con Trevor desde que él estaba en el útero. Sabía cómo se sentía, cómo lucía, cuál era su temperatura, y si la fuerza de voluntad de alguien podía ayudarlo a vivir, yo iba a hacerlo. Medité mucho y muy profundamente, y les hice a mis guías muchas preguntas acerca de la vida y qué era lo que realmente importaba. Siempre me dijeron que ese bebé iba a nacer bien y que había fuerzas en el más allá que estaban ayudándolo.

El 18 de febrero de 2001 nació mi ahijado Trevor Jon (por el abuelo de Stacey) Michael (por el Dr. Michael Foley, a quien Stacey querrá por siempre por haberle salvado su bebé). Yo estuve presente cuando vino al mundo. Tenía que estar ahí para saber que se encontraba bien desde el instante mismo en que nació. El pequeño nació con un peso de casi ocho libras, ¡y llegó cuatro días antes de tiempo!

Yo le había dicho a Stacey antes de que Trevor naciera que el niño tendría ojos claros, como la familia de ella, no pardos oscuros como su esposo y su hija. También tendría el pelo ondeado de su padre. Tendría el cuerpo de un jugador de fútbol americano y sería el bebé más tranquilo y feliz que ella hubiera visto. El niño luce y actúa exactamente como yo lo vi antes de que naciera. Lo conocí mucho antes de que nos presentaran formalmente.

Trevor sí tuvo que ser sometido a una operación de los riñones justo después de nacer. Stacey dijo que esto no la inquietaba, pues ya yo le había hablado de eso cuatro meses antes. Al enterarme, me sentí segura de haber hecho lo correcto al informarle a Stacey sobre los procedimientos futuros a los que sería sometido Trevor.

También le dije a Stacey que Trevor dejaría de tomar una determinada medicina a los seis meses, lo que sucedió. Ella me preguntó acerca de una cirugía a la que se suponía que Trevor se sometiese cuando compliese un año, y le dije que esa cirugía la iba a necesitar entre los seis y los nueve meses, pero que todo saldría bien. Los médicos insistieron en que Trevor necesitaba ser mayor de esa edad para esa cirugía.

Pues bien, mi resistente hombrecito fue operado a los nueve meses y lo médicos dijeron que fue una suerte haber realizado la cirugía antes de tiempo. Resultó que se habrían producido complicaciones si el problema no hubiese sido tratado en ese momento.

Quiero aclarar que fueron fuerzas ajenas a mí las que se ocuparon de cuidar a Trevor. Ya él estaba protegido. A quien yo estaba cuidando, a través de mis predicciones, era a Stacey. Ahora ella usa su propia intuición con regularidad y es persistente cuando pide respuestas a los médicos de Trevor. Su habilidad para confiar en sus propios instintos ha beneficiado a su hijo y a su futuro. La intuición es tan importante cuando se trata de problemas de salud. Si no te sientes satisfecho con lo que te aconseja tu médico, busca una segunda opinión. Tu médico no se va a sentir herido por esto.

Trevor ya me ha enseñado unas cuantas lecciones valiosas. Una de ellas es el increíble poder de la fe. Recuerda no abandonar la tuya. Otra, que la intervención del más allá es una manera en que nuestro amor continúa incluso después de que nos hemos ido. Nunca subestimes el amor eterno. También me doy cuenta de cuánto una crisis puede acercar o alejar a las personas entre sí. Stacey es mi mejor amiga y siempre miramos hacia su embarazo sabiendo que hubo una razón para que nos acercáramos mutuamente en ese momento.

Una vez hice una lectura para una mujer joven cuyo esposo había muerto y no podía superar el dolor de haberlo perdido. Pasé la mayor parte de la sesión dándole detalles sobre él y mensajes que él le enviaba. Mi clienta preguntó acerca de tener hijos; le habían dicho que lo más probable era que no pudiera tenerlos. Le dije que, ciertamente, ella tenía cicatrices en sus órganos reproductivos, pero que sí podía salir embarazada y que en menos de dos años tendría un hijo. Me da gusto decir que un año después dio a luz un par de mellizas.

Otro momento significativo relativo a la salud le ocurrió a una persona más cercana a mí. Una mañana estaba yo sentada tomando el desayuno cuando el difunto abuelo de Joe se presentó y dijo que Joe necesitaba ir al médico para hacerse un examen del corazón, y que él iba a entender esto, pues varias personas de su familia habían padecido de problemas cardiacos. Se lo dije a Joe, quien sabe que cuando doy un mensaje hay que tomarlo seriamente.

Fue a ver a su médico, quien lo sometió a una serie de pruebas, entre ellas algunos análisis de sangre. Los resultados mostraron que tenía los triglicéridos y el colesterol muy elevados. Anteriormente yo le había dicho que estaba muy preocupada de que pudiera morir alrededor de los cuarenta años. Ciertamente, su médico dijo que había sido afortunado en haber detectado estos problemas en el momento en que lo hizo, porque si no Joe habría sufrido un infarto antes de los cuarenta. Extrañamente, mi esposo no está pasado de peso ni sus padres han muerto de problemas del corazón. Agradezco a Dios mi don por muchas razones, pero estoy especialmente agradecida de que mi esposo siga con nosotros para poder ver crecer a sus hijas.

Ha habido muchas ocasiones en las que les he dicho a varias personas que se hagan un examen de rayos X del pecho, o algún otro tipo de examen médico, y resultó que tenían un tipo raro de tuberculosis o estaban en la etapa primaria del cáncer de pecho. Para mí esto significa que me han dado una ventana para intervenir por aquellos que necesitan la guía más allá.

De vez en cuando me encuentro con un caso en el

cual no es posible intervenir. Me ha sido muy difícil aceptar eso. Una vez que te acostumbras a realizar un cambio positivo en las vidas de otras personas, es duro aceptar que no puedes ayudar a todo el mundo. A veces el plan de vida de alguien incluye una lesión o una muerte prematura. ¿Por qué? Porque sin algunas desgracias no nos sentiríamos obligados a reconocer lo valiosa que es la vida. Lo que es aun más asombroso es que a veces hay intervención del más allá y que las oraciones obtienen respuestas.

CAPÍTULO 15

Amar a una médium

por Joe, el esposo de Allison

Allison me preguntó si me gustaría añadir algo a su libro. No lo esperaba. Este es su proyecto. Se supone que yo sea el no-psíquico de la familia. ¡Por amor de Dios, soy ingeniero aeroespacial! Jamás he visto un fantasma. Una vez oí a uno, pero nunca he visto ninguno. De cualquier modo, me sentí honrado y acepté la oferta de ella. Entonces tuve que arreglármelas solo.

¿Por dónde empezar? ¿Hablo de cómo nos conocimos? ¿O de cuando descubrí que mi esposa era una médium? ¿De nuestro diario vivir? ¿De quién generalmente gana las discusiones? ¿De que si ella me lee constantemente el pensamiento? Estas son preguntas que siempre me hacen, y creo que vale la pena comentarlas. Las cosas que me parecen más interesantes son aquellas que Allison misma nunca te diría.

Cuando vi por primera vez a Allison, fue como si una luz la iluminara desde arriba. Estaba rodeada de posibles pretendientes, pero ella, obviamente, no estaba interesada en ninguno de ellos. A pesar de una presentación absolutamente torpe, pudimos conectarnos en cierto nivel. No la volví a ver en varias semanas, pero luego comenzamos a salir juntos y menos de un año después ya estábamos comprometidos para casarnos. Hasta ese momento yo no sabía que ella era una médium, aunque parecía que ella siempre sabía lo que yo pensaba. Por supuesto, esto no me sorprendió en ese momento, ya que la mayoría de las mujeres saben lo que piensan los hombres.

Una de las primeras veces en que ella reveló un atisbo de todas sus habilidades, fue cuando fuimos a San Francisco para que yo pidiera su mano en matrimonio. Durante el viaje nos detuvimos en el Museo de Ripley Créalo o No lo Crea.

Estando allí, jugamos un juego en el que una de dos personas trata de adivinar lo que la otra está pensando. El escenario del juego consiste en un panel que no permite que las dos personas se vean. A cada lado del panel hay una serie de botones idénticos, cada uno tenía una forma diferente, un círculo, una estrella o un cuadrado. Una persona escoge un botón y lo presiona. Entonces la otra trata de presionar el botón similar sin poder ver a su oponente. Hay una serie de luces que indican si se adivinó correctamente, y un desagradable sonido señala si no fue así.

Cinco veces seguidas Allison escogió acertadamente los botones que yo había presionado. Me sentía confundido. Había sólo una posibilidad entre 3,125 de que eso sucediera. Pensé que la máquina estaba descompuesta, así que la revisé. No estaba rota. La hice presionar los botones en el orden en que lo había hecho anteriormentety acertó perfectamente. ¡Debí haber caído de rodillas para proponerle matrimonio en ese mismo instante!

Pero ella seguía sin revelarme su habilidad psíquica. No fue suficiente que ella siempre supiera los motivos de la gente, o que siempre pudiera adivinar los finales de las historias. Yo sabía que Allison era una excelente conductora, como si siempre pudiera ver el espacio libre en el tráfico antes de que se abriera. Estas cosas eran demasiado sutiles como para notarlas y, además, yo estaba enamorado, así que todo lo que ella hacía me parecía especial.

Poco antes de que yo estuviera plenamente consciente de su habilidad, sucedió algo raro. Una tarde, cuando teníamos delante sólo un auto más para entrar en un lavadero automático, ella miró al vehículo del frente y comenzó a reírse.

—¿No sería divertido que la máquina se descompusiera cuando ese auto estuviera ya lleno de espuma y no hubiera manera de enjuagarlo?

Curiosamente, eso fue precisamente lo que sucedió. El tipo frente a nosotros esperó un minuto, salió del auto y miró a su alrededor con una expresión comiquísima en el rostro. Luego, se fue en su auto, pienso que a quejarse a la administración.

En esa época yo no estaba seguro de si Allison veía el futuro o si, de hecho, era capaz de hacer que las cosas sucedieran. Pero el alcance de su don pronto se me revelaría y muchas de mis preguntas serían contestadas, pero sólo para producir más interrogantes.

Un día, los sentidos de Allison estaban más potentes que nunca. Podía ver toda clase de espíritus por la casa y eso la hacía sentirse un poco inquieta. Le pregunté qué era lo que la molestaba.

—Como si no lo supieras —replicó de inmediato. Bueno, pues claro que yo no lo sabía. Yo no podía verlos. Le pregunté varias veces y por fin me contó lo que estaba viendo. Después de darse cuenta de que, aunque yo no podía verlos, no iba a condenarla por su habilidad, empezaron a llegar mensajes de familiares míos que habían fallecido.

Mi padre fue uno de los primeros que se presentó. Había fallecido dos meses antes de que yo conociera a Allison. Yo lo extrañaba y durante mucho tiempo quise que él y Allison se hubiesen conocido. Ella me contó acerca de la mesa de dibujo donde yo armaba modelos de aeroplano cuando era niño, mientras mi padre miraba por encima de mi hombro. Detalló los modelos que yo había hecho y colgado sobre mi cama, y describió la habitación de mi infancia. Sabía cosas de las que sólo hubiera podido enterarse psíquicamente. Resultó ser una manera maravillosa de hacerme conocer sus habilidades. Creo que ella también se sintió aliviada de poder abrirse a mí por completo.

La vida cotidiana junto a Allison no es tan difícil como pudieran pensar. Pero es diferente. A algunas personas les agrada la expresión "Es más fácil pedir perdón que pedir permiso". Pues bien, esto no funciona con Allison. Si le mientes, enseguida se siente traicionada, pues sabe qué es lo que has hecho. Desde el principio de nuestro matrimonio aprendí a hablar claramente de todo. Los pequeños desacuerdos se olvidan pronto cuando se tratan "antes de que sucedan".

Allison posee lo que ella llama recuerdos vívidos. Puede recordarlo todo. Muchos maridos aseguran que sus esposas tienen esta habilidad, y tal vez es cierto. Pero Allison recuerda la ropa, la gente, la comida, los regalos y la atmósfera de cada cumpleaños, fiesta y aniversario que hemos celebrado a lo largo de los últimos diez años.

Yo nunca tengo que preocuparme de que ella se me pierda en el centro de compras o en un parque de diversiones. Tal parece que siempre sabe dónde estoy. A veces, cuando salgo con otras personas, me olvido de que no les resultará tan fácil encontrarme.

Creo que dos personas que estén realmente enamoradas, están sintonizadas entre sí. Le damos un nuevo significado a la pregunta: "¿Estás pensando lo mismo que yo?". La mayoría de las parejas casadas sienten una fuerte conexión mutua. Imagínense ese sentimiento elevado con un aumento de 20 decibeles (el lenguaje de ingeniería para decir 100 veces más poderoso).

A menudo Allison usa esta conexión invisible para mejorar nuestras vidas. Muchas veces me llama por teléfono cuando estoy pensando en ella. Otras veces me recuerda que lleve un dólar de más cuando hago un breve viaje a la tienda. No entiendo esto hasta que llego a la tienda y descubro que el cajero automático está descompuesto. Ahora ya estoy acostumbrado a estas cosas.

Hemos pasado muchas noches juntos en las que ella me hace llegar mensajes de los muertos. La mayoría de estos mensajes provienen de familiares, pero algunos son de gente famosa. Por lo general, los espíritus mencionan cosas cuya autenticidad confirmamos más tarde. Por ejemplo, mi abuelo dijo que añoraba específicamente la sopa de almejas Boston. Llamamos a mi madre y ella confirmó que la sopa de almejas Boston era una de las favoritas de su padre.

En otra ocasión le pregunté a Allison sobre Albert Einstein y me nombró las calles donde estaba la universidad en la que él había estudiado en Alemania. También recibí mensajes relativos a sucesos futuros de mi vida, algunos de los cuales todavía estoy esperando confirmar.

En muchas partes de este libro hay ejemplos de las cosas fantásticas que hace Allison. Esta es solamente una parte de ella. También es esposa, madre y amiga.

Como casi todo el mundo, Allison se cansa luego de una larga jornada de trabajo. Le gusta relajarse mirando tontos programas de televisión, como programas de juegos y comedias. Pero a veces sintoniza un programa de ciencia forense en el cual están extrayendo la larva de un insecto de la nariz de un cadáver descompuesto para preparar un caso contra el asesino. Yo le pregunto si esto es realmente relajante, pero ella está tan concentrada que no me responde.

En lo más profundo de mi ser, soy un científico y quiero una explicación para su habilidad. He estado estudiando sus hábitos y haciendo pequeñas pruebas por mi propia cuenta. Espero que algún día pueda llegar a ofrecer una explicación de cómo lo logra. Sin embargo, no creo que la pregunta "¿Por qué ella?" pueda contestarse en esta vida.

CAPÍTULO 16

La ciencia y el más allá

🐚 Rata de laboratorio

Estaba viendo el programa de televisión *Dateline* en el invierno de 2001 cuando vi una historia sobre el Dr. Gary Schwartz y John Edward. La habilidad psíquica de John Edward estaba poniéndose a prueba y el Dr. Schwartz hablaba sobre su investigación relativa a la supervivencia de la energía humana después de la muerte. Mis guías me dijeron que yo iba a formar parte de la investigación del Dr. Schwartz y que tenía que ponerme en contacto con él. Mis guías nunca me han llevado por el camino equivocado, pero yo no sabía nada acerca de ser una médium en el terreno de la investigación. Me agradaba la idea de fusionar la ciencia con el más allá, pero ¿qué podría aportar?

El Dr. Schwartz es el director del Laboratorio de Sistemas de Energía Humana de la Universidad de Arizona en Tucson. Es conocido en el mundo entero por su investigación académica acerca de la vida después de la muerte. Me demoré alrededor de un mes en encontrarme con este hombre tan ocupado. Si eres un psíquico que pretendes que Gary te confirme que eres importante, olvídalo. Gary te observa para estudiarte, no para elogiarte. Me gusta eso de él. Es un científico, no un fanático de celebridades. Ahora me refiero a mí, de una forma sarcástica, como la rata de laboratorio de Gary.

Me sentía cada vez más emocionada por el encuentro. Iba a obtener una validación por parte de la ciencia, objetiva e independiente. No andaba a la búsqueda de felicitaciones, sino solamente de una prueba que evaluara mi habilidad. Estaba dispuesta a equivocarme, o incluso a fallar. Pero tenía que saber, por mí misma, si yo estaba al nivel de mis propias expectativas. Quería una evaluación por parte de un académico que conociera el campo espiritual.

Tras un mes de espera, finalmente llegó el día en que fui a Tucson para reunirme con el Dr. Schwartz. Debido a sus logros académicos, sentía que debía llamarlo Dr. Schwartz. Después de todo, por algo él había invertido años en obtener su doctorado. Pero él no permitió ese tratamiento formal e insistió en que lo llamara Gary. Además de ser modesto, era afectuoso y agradable.

Al sentarnos, Gary comenzó a explicarme que era interesante que yo hubiese llegado a él en ese preciso momento, pues había perdido a alguien muy cercano dos días antes. Mientras Gary hablaba vi un espíritu masculino que estaba parado a su lado.

"¡Qué bien!", pensé. "¿Y qué pasa si él no quiere saber nada de un pariente en este instante?" A veces los que están en el más allá pueden ser impacientes.

El espíritu masculino sacó una llave inglesa y con ella comenzó a darle golpecitos a Gary en la cabeza. Aquello resultaba tan cómico que a duras penas conseguí mantenerme seria. También estaba poniendo todo mi esfuerzo en escuchar las sabias palabras de Gary. Por fin, no pude concentrame más.

—Gary, hay un hombre junto a ti, tu tío o tu tío abuelo. No es un académico como tú. Tiene una llave inglesa en la mano y te está tocando con ella en la cabeza de una manera juguetona. Es un hombre de destreza mecánica. Trabaja con herramientas y tiene habilidad para reparar cosas. Es un tipo muy sencillo.

—Sí, está bien. Vamos a hablar de eso después que te haga una prueba —me dijo Gary.

Inspiré profundamente y continuamos. Gary estaba interesado en hacerme una prueba para ver si yo podía traer mensajes o detalles acerca de la persona recientemente fallecida que él había mencionado anteriormente. No me dio ninguna otra información: ni edad, ni sexo, ni situación.

Luego de una breve pausa, dije:

—Veo una mujer anciana. Es pequeñita, de pelo blanco y tiene con ella un perrito.

Me sentí un poco insatisfecha, ya que muchas ancianas con perros mueren. Pienso que lo que yo hubiera querido decir era que se trataba de un niño con un anillo en la nariz o un hombre que llevaba una camisa de vestir con lunares rojos, algo fuera de lo común. Pero sólo hay dos sexos y muchas generalidades humanas. Son los pequeños detalles los que definen a la persona y los que añaden impacto a una lectura.

El Dr. Schwartz permaneció sentado en silencio durante un momento y, luego, dijo:

—Continúa.

Me sentía realmente nerviosa; el Dr. Schwartz estudió en la Universidad de Harvard, y enseñó allí y en la Universidad de Yale. Es una académico muy respetado y yo quería exceder las expectativas que él tenía de mí. También trabaja con algunos de los médiums más conocidos en todo el mundo, y yo quería dejar en él una impresión duradera. Esto no sería fácil. Se me presentaron visiones esporádicas de una imagen, pero no quise revelarla; parecía tan insignificante.

Al parecer, mi expresión facial me traicionó, ya que el Dr. Schwartz me estimuló.

—Dime lo que estás viendo. Está bien si te equivocas.

—Veo un chico repartidor de periódicos en la esquina de una calle, en la ciudad de Nueva York. Está sosteniendo el periódico y me lo enseña. La persona en el otro lado está diciendo "Yo no ando solo".

El Dr. Schwartz anotó esto.

—Las flores son importantes para tu amigo —añadí.

El Dr. Schwartz no respondió.

Continué y pasé el resto de la sesión revelándole muchos otros detalles personales. Cuando la sesión terminó, el Dr. Schwartz dijo:

—Déjame decirte lo que significa tu información.

Estaba ansiosa por oírlo. Podía haberme equivocado en el sexo, la edad y en miles de otras cosas. ¡Qué desesperante! Este no era el momento de equivocarse.

Comenzó diciéndome que la persona que había muerto hacía poco se llamaba Susan Smith y era realmente una anciana. Tenía ochenta y nueve años, casi a punto de cumplir los noventa. Ellos habían sido colegas y buenos amigos. Era pequeñita y tenía el pelo blanco, y hacía tiempo había sido reportera en la ciudad de Nueva York. Y, sí, tenía un perrito al que amaba y que había muerto años atrás.

La frase de "Yo no ando solo" también resultó tener importancia para Gary. Susy había dicho antes de morir que esperaba volver a caminar en el más allá. Cuando murió, llevaba tiempo en una silla de ruedas. Susy estaba haciéndole saber a Gary que había recuperado sus habilidades físicas. Además, siempre le habían gustado los niños, pero nunca había tenido hijos. Yo la describí parada junto a un niño varón. Ahora Susy estaba cuidando niños; les estaba dando el cariño y la atención de una madre. Estaba dejándole saber a Gary que ahora andaba entre niños en el más allá.

La referencia a las flores estuvo acertada, ya que Susan solía pintar diferentes tipos de flores. Hubo muchos otros detalles que le permitieron saber a Gary que ella se encontraba bien en el más allá. Entonces Gary me dio información sobre el espíritu masculino que estuvo parado junto a él, el espíritu sobre el que yo le había comentado anteriormente.

Gary me dijo que tuvo un tío que tenía la costumbre de bromear con él cuando era niño. Su tío había sido propietario de una ferretería y tenía habilidades mecánicas. Aparentemente, el tío de Gary sigue bromeando con él desde el más allá. A un médium le resulta muy agradable que confirmen sus dones; eso nos permite compartir un momento íntimo con la persona a quienes le hacemos una lectura. Para mí es una bendición encontrarme con los pintorescos espíritus que comunican sus mensajes a aquellos que todavía los extrañan.

En abril de 2001 fui sometida a otra prueba. El Dr. Schwartz me hizo otra pregunta sobre su fallecida amiga Susy. Él quería que Susy escuchara su pregunta y que enviara su respuesta a través de cualquiera de los médiums que estaban participando en su estudio. A nosotros no se nos permitió saber cuál era la pregunta y todos fuimos sometidos a pruebas por separado.

El Dr. Schwartz me preguntó si yo sabía la respuesta. (¡Eso sí es presión!) Yo seguía recibiendo que se trataba de algo que Susy quería dejarle al Dr. Schwartz. Varias veces vi una escena de la película *El mago de Oz* en la que Dorothy tiene a su perrito, Toto, en una cesta. Le describí esto y el Dr. Schwartz me pidió que describiera más detalladamente lo que veía.

Mientras el Dr. Schwartz hablaba con nuestro secretario-anotador acerca de las notas que este estaba tomando, susurré:

—Su perro.

El Dr. Schwartz reaccionó al escucharme:

—¿Qué dijiste?

—Su perro —le dije—. ¿Quién tiene el perro de Susy? Ella quiere que usted tenga su perro, dice que nadie jamás querrá a su perro como usted.

Continué y al final de nuestra sesión me dijeron que la pregunta que el Dr. Schwartz le había hecho a Susy era "¿Quién quieres que se quede con tu perro?" Eso es lo que se llama una nota psíquica de sobresaliente. ¡Acerté!

La gente me pregunta qué pienso de Gary. Tenemos una relación de muchas facetas. Él es un hombre impactante y un científico avanzado. Respeto su capacidad de ver el futuro, su humor y su fortaleza. Ya saben: de verdad que lo admiro.

Ser la médium de investigación de Gary me ha permitido concentrarme enormemente en mi don. Cuando conocí a Gary, yo tenía una habilidad natural, pero me faltaba un marco de referencia que me ayudara a traspasar los límites de mi habilidad. Como resultado de mis pruebas de laboratorio y de los desafíos a los que Gary me enfrentó, mis lecturas se han hecho más atrevidas. Hay una gran diferencia entre ser capaz de recibir el nombre de un pariente fallecido y ser capaz de contestar una pregunta específica que se le haga al más allá, sin conocer la pregunta. Tuve que esforzarme mucho para aprender a concentrarme y así poder lograr algo a ese nivel de dificultad.

Una de las razones es que una pregunta que se le hace a un muerto y que requiere una respuesta por parte de un médium de laboratorio, puede ser vista como una exigencia que se le impone al fallecido. No es necesariamente una lectura basada en las emociones, sino académica. Una científica fallecida como Susy podría estar interesada en participar, pero otro espíritu, no. Además, los médiums no son más que secretarios de los muertos. Nosotros sólo te decimos lo que dice la persona fallecida.

Las lecturas de laboratorio son diferentes, porque no nos es posible establecer una conexión emocional con el espíritu que está en el más allá a través de su conexión emocional con la persona cercana a ese espíritu. Cuando hago una lectura, siento lo que el espíritu siente por mi cliente. Recibo recuerdos que conectan a ambos entre sí, e imágenes de objetos que quizás los unen. Tener las dos energías físicamente presentes (la del ser querido desaparecido y la del cliente) me permite, al actuar como médium, facilitar una conexión física entre las dos partes.

Cuando estoy trabajando para el laboratorio, por lo general no tengo un cliente en el mismo lugar donde yo me encuentro. No me dicen el nombre del cliente, ni su sexo o edad, ni nada con lo que yo pueda conectarme. Sencillamente, recibo información del más allá y se la paso al laboratorio, la cual se le transmite al cliente y este la evalúa.

Aunque el resultado parece ser el mismo con el cliente presente o ausente, yo, personalmente, me quedo un poco vacía cuando la persona no está conmigo. Al no saber si he tenido éxito en acercar al cliente al espíritu, extraño la conexión personal que ocurre cuando estoy acompañada por un cliente. Sin embargo, ése es un pequeño precio que hay que pagar con tal de contribuir a la ciencia; espero que haciendo esto pueda ayudar a mejorar la imagen y la situación de los médiums que me seguirán.

Ser una médium de laboratorio es algo único; aprendemos a confiar en nuestra información, por extraña que pudiera parecer, y debemos compartirla con otros para que pueda ser documentada. También hemos aprendido a trabajar en circunstancias difíciles y a la orden.

Los médiums que participamos en investigaciones científicas tenemos la costumbre de ser directos con nuestra información y a veces tenemos que recordar ser sensibles. En cada lectura me recuerdo que es esencial comportarme con honestidad y sensibilidad para con mi cliente. Ser una médium investigativa me ha hecho más fuerte y me ha enseñado incontables lecciones para la vida.

Para mí es de enorme importancia poner mi don a prueba. Esto no sólo me da confianza, sino que también me ofrece la oportunidad de refinar mis habilidades. Eso lo logro tomando notas de la información que recibo, de cómo llega a mí, de cómo la percibo. Examino sin prejuicios mi información de psíquica y de médium. Por ejemplo, he aprendido que quienes están en el más allá pueden traer sus mensajes sólo si aceptan conceptos con los que estoy familiarizada, como son nombres, imágenes y lugares. En otras palabras, yo tengo que entender esa información antes de poder transmitirla. Así que mis propias experiencias de vida van de la mano con el uso de mi don.

Por ejemplo, como tengo conocimiento sobre el tema policiaco, sobre todo en el área de homicidio, cuando traigo a la víctima de un asesinato, puedo fácilmente recibir veredictos e información del tribunal sobre el o los asesinos. También tengo una destreza especial para meterme en la mente de un perpetrador. He notado el conocimiento médico de John Edward, ya que él tiene una gran habilidad para determinar la causa de la muerte y el diagnóstico médico. Los médiums tienen sus especialidades. Tenemos nuestros puntos fuertes y un estilo individual que realzan nuestras habilidades. Es bueno tener variedad.

Un día me encontraba en Tucson en viaje de negocios e hice planes para cenar con Gary en un restaurante mexicano y conversar. El restaurante estaba iluminado con una suave luz que no molestaba la vista, y yo estaba encantada de encontrarme en tan buena compañía. Joe, Gary, mi amiga Catherine y yo nos sentamos en un cubículo para probar algunos platos picantes.

Después de que ordenamos, Gary mencionó que tenía un "reto" para mí. Déjenme aclarar que esto no era una prueba de laboratorio, sino sencillamente un desafío informal.

Gary me dijo que Susy, la amiga suya que estaba en el más allá, tal vez estaba visitando a una niña. Esta niña aseguraba que "veía" y "oía" a Susy. La pregunta era, "¿Quién es esa niña y qué puedes decirme de su madre?".

Me eché hacia atrás en el asiento y medité sobre la pregunta.

—Veo una niña en un hospital; ha perdido pelo.

Le di un nombre a Gary, y sólo me faltó una letra para decirlo correctamente. Incluí otros detalles y mensajes de amor relacionados con la niña. Gary nos dijo:

—La niña tiene cáncer, pero tengo que averiguar si ha perdido pelo. (Sí había perdido pelo.)

Luego, Gary preguntó:

—¿Dónde es que Susy visita a la niña?

—En la cama de la niña.

Gary dijo que era correcto.

La niña de la que hablo es de una energía vivaz y de brillante luminosidad. También ella tiene el don y está aprendiendo a definirlo. En parte debido a eso fue que Susy la escogió para conectarse desde el más allá. La niña no sólo es accesible, sino que es encantadora.

Entonces Gary preguntó:

—¿Y qué me dices de su mamá?

—Siento que la madre es una psíquica que ha estado en la televisión —respondí. En ese momento Susy "me mostró" una imagen de Stevie Nicks, del grupo musical Fleetwood Mac. Miré a Gary y le dije:

—Laurie Campbell. ¿Es Laurie Campbell?

—¿Me lo dices o me lo preguntas? —me preguntó.

—Te lo digo.

Yo jamás había visto a Laurie Campbell anteriormente, ni en persona ni de ninguna otra forma. Pero por alguna razón, cada vez que escuchaba mencionar el nombre de Laurie en el laboratorio, veía en mi mente a Stevie Nicks. Sé que fue Susy quien había intervenido en esta comparación visual para darme una referencia con la que yo pudiera trabajar.

Gary no estaba seguro de por qué yo asocié a Stevie Nicks con Laurie (él no conoce el grupo Fleetwood Mac), pero dijo que, en efecto, la madre era Laurie Campbell. Yo no sabía nada de la vida personal de Laurie antes de ese desafío, excepto que era una confiable médium de investigación. Susy usó la única información que yo tenía almacenada sobre Laurie.

Por suerte, eso fue todo lo que se necesitó para darle a Gary la respuesta que buscaba. Más adelante, cuando hablé con ella por primera vez, le conté a Laurie Campbell la conexión "Stevie Nicks". Laurie dijo que ella había conversado con Susy antes de que esta muriera. Durante esta conversación, Susy habló de que ella usaba vestidos semejantes a los que usaba Stevie Nicks, y de que ella y Stevie Nicks tienen otras características similares.

La información resultó esencial para Laurie y me mostró una vez más que lo que para una persona no significa nada, puede ser importante para otra. Susy empleó mucho tiempo y energía sobre la tierra tratando de probar la vida después de la muerte. Mientras camina en el más allá, Susy continúa trabajando para probar que la energía humana sigue existiendo después de la muerte.

❀ *"¡Tienes que estar bromeando!"*

He hecho la lectura de muchas personas en nombre de la ciencia. Hubo una que hizo que el serio Profesor Schwartz se riera mientras estaba al teléfono. Para aquellos de ustedes que no conocen a Gary, esto es algo totalmente fuera de su carácter.

Recibí una llamada de Gary para que, a una hora

específica, pudiera hacer una lectura de una persona que estaba a prueba en el laboratorio. La prueba se había preparado como si fuera una conferencia telefónica entre Gary, la persona y yo; se grabó y, luego, se transcribió. Para esta prueba se nos usó a Laurie Campbell y a mí.

La lectura transcurrió de la siguiente forma: se me preguntó qué estaba recibiendo de la persona sometida a la lectura, si es que estaba recibiendo algo. Me llegó una avalancha de información y se la presenté claramente a la persona. A la persona a la que leo nunca se le permite hablarme hasta que he acabado formalmente de dar mi información.

No puedo entrar en detalles acerca de los aspectos personales de la lectura, ya que esta persona es muy conocida y prefiere mantener su privacidad. Yo sabía que se trataba de una persona importante, ya que su fallecido padre me dijo que su hijo llevaba el peso del mundo a sus espaldas.

¡Bueno, esa es una enorme responsabilidad! Entonces empecé a aconsejar a esta persona acerca de lo que tenía que hacer para proteger su salud. Le di mensajes que sus seres queridos me hacían llegar para él y conduje su lectura como si fuera la de cualquier cliente normal. Le hablé de la causas de las muerte y detalles personales de miembros de su familia que habían fallecido, y me sentí contenta de haber podido establecer una conexión. Cuando terminé, Gary preguntó:

—¿Sabes para quién leíste?

Dije que no.

—Allison, ¡acabas de hacer una lectura para Deepak Chopra!

El Dr. Chopra luego calificó esta información como acertada en aproximadamente un 80 por ciento.

La mayoría de ustedes sabrá de quién se trata. Para aquellos que no lo saben, Deepak Chopra es uno de los escritores más conocidos del mundo y un ser muy espiritual. Esto resulta curioso, pues yo acababa de aconsejar a un hombre que no sólo es un sabio, sino que se relaciona con los seres más sabios. Él ha publicado varios libros de autoayuda que han sido éxitos de venta. Aconseja a jefes de estado, celebridades, miembros de la realeza, a todo el mundo. ¡Y aquí estoy yo ayudándolo!

Le dije que había sido un honor leer para él. Me sentí muy bien de poder dar algo en pago al hombre que frecuentemente da tanto de sí mismo a los demás. Algunas personas dan, otras toman, y la mayoría está en el medio. Cuando una persona da todo, puede quedarse vacía por completo. Cuando es alguien que toma, vacía a los demás. Uno necesita que le devuelvan la energía para lograr un equilibrio. Yo tenía la esperanza de haber dado con algo de valor. Luego de intercambiar algunas frases con Deepak, teniendo como fondo la risa de Gary, terminó la prueba. Nunca olvidaré esa lectura.

🐚 El programa piloto

Mientras escribía este libro recibí la oportunidad de hacer una prueba para un programa piloto de televisión. Los productores querían una muestra de mi talento a través de una lectura telefónica a uno de sus ejecutivos, llamado Brian. Por lo general prefiero leer a un cliente en persona, así que estaba un poco dudosa. Llegó la mañana de mi entrevista y me preparé para mi lectura telefónica.

Mi primera observación fue que se había producido un hecho trágico que tenía relación con la hermana de Brian. El ser querido de ella que estaba en el más allá me mostró un auto que era de alguna importancia para ella. Afirmé que la persona que murió había fallecido debido a que no podía respirar. Esto era esencial para Brian, quien me lo confirmó, así que me extendí un poco más sobre el tema y ofrecí detalles personales dirigidos a la hermana de Brian. Pude brindarle a su hermana la información que confirmaría la presencia de su amiga fallecida.

También le dije a Brian que su hermana iba a casarse con el amor de su vida. A Brian esto le pareció bastante raro, ya que la relación amorosa de su hermana no era nada ideal. Un mes después de la lectura, ella asistió a una reunión de su antigua clase de bachillerato y empezó a salir con un antiguo compañero. Se casaron en octubre de 2002.

Luego, vino el abuelo de Brian y habló de un acordeón. Brian dijo que su abuela y su hermano tocaban el acordeón. Este instrumento musical me gusta mucho por ser algo que no se encuentra en las casas con mucha frecuencia; es algo fuera de lo común. Siempre algo fuera de lo común resulta más convincente para la persona a quien se le hace una lectura. Lo bueno de realizar una lectura telefónica fue que cada vez que Brian se quedaba boquiabierto, su colega Debbie se echaba a reír y mantenía una ligereza en el ambiente.

Después de que colgué, mi esposo me preguntó cómo me había ido. Fue una lectura sólida. Me sentía satisfecha. Le dije a Joe que sabía que me pedirían hacerle una lectura a otro ejecutivo. Y así fue; a la semana siguiente recibí una invitación para hacerle una lectura a Karen, quien trabaja con Kelsey Grammer como vicepresidenta de desarrollo televisivo. Otra lectura telefónica. ¡Qué fastidio! Pero ¿iba a decir que no? ¡Jamás!

Una semana después me llamó Karen. Era vivaz y agradable. Me conecté con un amigo de ella que estaba en el más allá. Me describió el pueblecito donde ambos crecieron, y también describió, por dentro y por fuera, la casa donde Karen pasó su infancia, donde ambos jugaban. Su amigo también describió un columpio que colgaba de un árbol.

La lectura avanzó sin problemas, pero sentí que no era merecedora de mi apodo: la Pequeña Cósmica, usado, por supuesto, sólo en broma. Estoy acostumbrada a dar información que asombra a la gente. A veces soy mi peor crítica. Pero hacia el final de la lectura, me estaban mostrando el conejo de dibujos animados Bugs Bunny y las letras WB. Le pregunté si ella trabajaba antes para los estudios Warner Brothers. Se quedó pasmada.

—¡Sí! —me dijo—. No sólo trabajaba allí, sino que mañana tengo una reunión en ese sitio.

Esta sería su primera visita a Warner Brothers desde que había dejado de trabajar allá. El que yo dijera eso precisamente un día antes de su regreso a ese lugar, tuvo un gran impacto en su lectura.

Luego, le pregunté sobre el viaje a Europa que iba a dar o que acababa de dar. También me confirmó esto. En esos días se estaba preparando para un viaje a Europa. Hice una buena conexión con ella, que no podía haberse sentido más satisfecha con su lectura.

Me pidieron que fuera a Los Ángeles para hacer una prueba para el programa. Ya habían considerado a más de cien personas dotadas, y yo fui una de los dieciocho seleccionados para audicionar frente a las cámaras de Paramount. Estábamos aspirando a uno de cinco puestos diferentes.

Yo fui la primera que audicioné. Hice tres diferentes lecturas y todo marchó bien. Me encanta estar en los recintos de los Estudios Paramount; hay tanta historia allí. El resto de las audiciones tuvieron lugar durante los próximos dos días, y al mismo tiempo recorrí la ciudad junto a mis nuevos amigos y hablamos acerca de la presión enorme del mundo del espectáculo.

Esa tarde, las dos mujeres con las que había hecho buena amistad se enteraron de que no habían sido escogidas y debían regresar a casa. Nos quedaba sólo una noche para pasarla juntas. Cinco de nosotras decidimos salir a disfrutar de una agradable cena. Mis compañeras incluían a Penny Thornton, también conocida como la Duquesa, quien había sido la astróloga y consejera de la princesa Diana durante seis años; Ulrich Bold, una astróloga evolucionista; Freya, especialista en runas; y Joann, una médium igual que yo. Disfrutamos de una cena maravillosa y nos quedamos conversando hasta muy tarde, como si fuéramos niñas que están pasando una noche juntas en la casa de una de las del grupo para chismear, jugar y divertirse. Pero éramos adultas que teníamos que levantarnos por la mañana, así que eventualmente decidimos dar por terminada la reunión. Hice algunas amistades especiales en mi viaje a Los Ángeles, y siempre estaré agradecida de tenerlos como amigos.

Cuando terminaron las audiciones, yo era una de las cinco finalistas. Filmar el programa piloto fue una experiencia que nunca olvidaré. Me encanta trabajar junto a otras personas de mi campo y que tienen habilidades con las que no estoy familiarizada. Cada persona que estaba en ese escenario me enseñó algo sobre mí.

La grabación del programa piloto de *Oracles** resultó ser una de muchas experiencias fortuitas que me ayudó

---

* Oráculos. (N. del T.)

a llegar a donde estoy hoy en día. Pude ver que en todas las profesiones la gente discrepa de vez en cuando acerca de cuál es la mejor manera de hacer las cosas, y eso está bien. Aprendí cómo establecer mis límites personales en una profesión acerca de la cual sabía muy poco. Me di cuenta de que sentía afecto por estos extraños alrededor mío que habían perdido a seres queridos. No quería alejarme de ellos; quería ayudarlos a sanarse. Cada lección que aprendí me sirvió para convertirme en lo que siempre había sido: una médium.

$\mathcal{A}$cerca de la autora

LA EXTRAORDINARIA HISTORIA de Allison DuBois, que sirvió de inspiración para *Medium*, el exitoso programa de televisión de la cadena NBC, comenzó durante su último semestre en la Universidad Estatal de Arizona, mientras hacía una pasantía en la oficina del fiscal del distrito. Poco después, los investigadores de la Universidad de Arizona documentaron su habilidad por medio de una serie de pruebas en las que ella obtuvo excepcionales calificaciones en cuanto a certeza y especificidad. Esta validación impulsó a Allison a convertirse en médium profesional y perfiladora, en lugar de abogada de la fiscalía. En su breve carrera, Allison ha conducido más de 1.200 lecturas personales. En esas lecturas ayuda a aliviar el dolor que sienten aquellos que han perdido un ser querido. Ella continúa apoyando el uso de la ciencia para investigar el más allá.

Durante los últimos cuatro años ha participado en numerosas pruebas para la Universidad de Arizona. Allison tiene un papel activo en la dirección y ejecución de la investigación como miembro del Comité de Médiums del Programa de Investigación Veritas y es miembro del Comité Asesor de Médiums de la Forever Family Foundation.

Allison dona su tiempo a casos criminales y de personas desaparecidas para agencias de todo el país. Departamentos de policía y familias solicitan su ayuda para encontrar a personas desaparecidas o asesinadas. Allison también contribuye a la selección de jurados para fiscalías del distrito. Cada una de estas tareas constituye una manera de agradecerle al mundo haber tenido tantas bendiciones.

Allison mantiene un contacto cercano con el programa *Medium* como consultora.